Reiner Jungnitsch

Sie wollen also Religion unterrichten?!

Reiner Jungnitsch

Sie wollen also Religion unterrichten?!

Kleine Orientierung für Berufseinsteiger

BOD Norderstedt

Meinen Studenten an der TU Darmstadt gewidmet

Bibliografische Information der Deutschen Nationalbibliothek:
Die Deutsche Nationalbibliothek verzeichnet diese Publikation
in der Deutschen Nationalbibliografie; detaillierte bibliografische
Daten sind im Internet über http://dnb.dnb.de/ abrufbar.

Herstellung und Verlag:

BoD – Books on Demand, Norderstedt

ISBN 978-3-7460-3168-2

Inhalt

5

Der Horizont: Ein unmöglicher Job?
Erfahrungen aus der Berufsschule

ReligionslehrerIn sein: Ein unmöglicher Job - wer empfindet das eigentlich so? Wer redet denn so über die Religionslehrer und den Religionsunterricht - teils ernsthaft, teils humorvoll, teils nachsichtig oder fast bemitleidend?

Manchmal sind das meine Kollegen in der Schule.
Da bin ich gelegentlich von einem Schwarm von selbsternannten Humanisten oder gar Atheisten umgeben, die mich als Person und Lehrer zwar respektieren, aber von meinem Fach nicht allzu viel halten. Halbernst fällt dann schon mal ein Stichwort wie „Wanderprediger" oder „Himmelskomiker". (Als Physiklehrer, Mathematiker oder Wirtschaftler hat man es im Unterricht ja schließlich mit klaren Sachverhalten zu tun, mit anerkanntem Wissens-Stoff, den die Schüler auch weithin akzeptieren.)
Nur mit „Reli" ist das eine ziemlich dubiose Sache. Religion ist doch schließlich Ansichts-Sache. Und da darf ja jeder wie er will. Und weil das doch offenbar Privatsache ist, habe dieses Fach in der öffentlichen Schule eigentlich gar nichts verloren. Und in der Berufsschule sowieso nicht: Da gehe es um die berufliche Qualifizierung, um Betriebswirtschaft, EDV-Kenntnisse, Fertigkeiten an der Drehbank und andere wirklich nützliche Kenntnisse. Beten könne man ja auch daheim oder in der Kirche ... usw. usw.

Die Betriebe unserer Auszubildenden sehen das oft ähnlich: Religion in der Schule ist nutzlos und überflüssig. Die Jugendlichen sollen dort etwas Anständiges lernen - womit man was anfangen kann! Und viele Schüler stoßen ja ins gleiche Horn. Da kann einem dann schon Hören und Sehen vergehen. Wirklich ein unmöglicher Job.

Ja, und überhaupt die Schüler!
Also die, die ich kenne, sind größtenteils religiöse Analphabeten.
Firmung oder Konfirmation hat die Mehrheit ja noch mitgemacht
- wegen lockender Geschenke.
Von Glaube, Bibel und erst recht der Kirche halten sie nicht viel,
oder distanzieren sich selbstbewusst.
Das sei doch alles ziemlich unglaubwürdig, widersprüchlich oder
unverständlich. Wie könne einer heutzutage noch an Adam und
Eva glauben, wo das doch mit der Evolution und dem Urknall
längst wissenschaftlich geklärt sei.

Und was solle man schon mit so komischen Geschichten, dass
Jesus (!) da irgendwo das Meer geteilt habe, dass seine Mutter
ohne Sex schwanger geworden sei oder dass Gott auf einem
Berg Steintafeln mit den 10 Geboten beschrieben habe ... usw.
usw.
Wie man als wissenschaftlich aufgeklärter Mensch an so
antiquierte Sachen noch glauben könne, bleibt ihnen ein echtes
Mysterium.
Außerdem: glaubhaft sei letztlich nur, was man sehen und
anfassen kann. Und mit dem Tod sei sowieso alles aus. Jenseits
des Friedhofs gebe es nun mal nichts mehr!
Man solle doch realistisch bleiben ...

Und diesen „religiös unmusikalischen" Sprösslingen soll ich nun
etwas von der „guten Nachricht" erzählen, dass Gott die
Menschen liebe, dass Jesus für unsere Sünden gestorben sei,
dass die Kirche ein Heilszeichen sei, man in den Sakramenten
Gott begegnen könne usw.
Da kann man sich schon mal die Haare raufen - wenn noch
genügend davon vorhanden sind. Wirklich ein unmöglicher Job!

Und diesen Job vollbringe ich zudem ganz offiziell und bewusst
im Auftrag der Kirche! Da drängeln sich dann weitere
Fragezeichen in meinem Kopf:
Wie „kirchlich" soll – kann – darf – das eigentlich sein, was ich
den Schülern vortrage?

Bin ich mehr dem Lehramt und der Tradition verpflichtet - oder meinen Schülern, die vielfach keinen Bezug mehr zur Kirche haben und in ihrer Kritik an der Erscheinung der Kirche nicht gerade zimperlich sind.

Wenn der Papst mal wieder gegen die Kondome wettert, Holocaustleugner in die Kirche zurückholt oder auch einem Diktator freundlich die Hand schüttelt. Oder wenn mal wieder ein priesterlicher Kindesmissbrauch Schlagzeilen macht usw. usw.

Da ist es nicht immer leicht, sich als Vertreter dieser Institution vor die jungen Leute zu stellen, wenn ständig negative Nachrichten mir die guten pädagogischen Absichten verhageln.

Natürlich kann ich für mich ein paar Unterscheidungen machen. Aber in den Schülerköpfen die nötigen Differenzierungen zu erreichen kommt mir dann vor wie Don Quichottes Kampf mit den Windmühlen. Wie komme ich trotzdem immer wieder zum Wesentlichen? Ja, und was ist am Ende das eigentlich Christliche? Wenn ich das für mich versuche zu buchstabieren, bin ich mir nicht mehr so sicher, dass mein Bischof das auch so sieht! - Wie weit darf hier eine Differenz gehen?

Was erwartet man also kirchlicherseits von mir? Was darf die Kirche (angesichts gesellschaftlicher und schulischer Gegebenheiten) von einem Religionslehrer, einer Religionslehrerin konkret und realitätsnah erwarten? - Und was darf ich von meiner Kirche erwarten?

Welche Erwartungen bin ich bereit zu akzeptieren und zu erfüllen? Was erwarte ich selber von mir und meinem Unterricht? Was erwarten die Schüler, die Schule, die Eltern? Wie „fromm" darf oder muss eine Lehrkraft für Religion demnach sein - gerade in der Berufsschule?

Fragen über Fragen, auf die ich nicht gleich eine formelhafte Antwort bereit habe. Manches davon kann ich mit meinen Kollegen klären, manches lässt sich nüchtern sachlich klären, manches verlangt eine Menge an Zeit, Nachdenken und Erfahrung.

Und manches lasse ich auch einfach mal beiseite - oder nehme es mit Humor, denn in meiner „Firma", der Kirche, menschelt es doch allzu sehr.
Und schließlich soll aus der Sache des Glaubens – und auch aus dem RU – kein belastender Krampf werden.
Aber mal ganz ernsthaft und sachlich: Was wir da tun - oder wenigstens versuchen – ist in mehrfacher Hinsicht „unmöglich":

1. Wir versuchen als Lehrkräfte Schülern etwas beizubringen.
Das ist als Bemühen schon ziemlich zweifelhaft. Was heißt da beibringen, unterrichten, lehren? Die neue Lernforschung und Didaktik sagt da ganz ernüchternd: Bildet euch nicht ein, ihr könntet den Schülern etwas beibringen. Jedenfalls nicht im Sinne des Umfüllens von Wissen aus einem Kopf in einen anderen.

Wir haben inzwischen verstanden - aus Psychologie und Philosophie - dass jeder Lernende sich das Entscheidende bestenfalls selber aneignet. Und zwar nach je eigenem Maß und auf eigene Art. (Das wusste übrigens auch schon Kirchenvater Thomas von Aquin im 13. Jahrhundert!).
Mit der Objektivität des Lehrens und Lernens ist es also nicht weit hin. Jeder Mensch sieht nicht nur die Welt auf seine Weise, jeder konstruiert seine Welt im eigenen Kopf auch höchst kreativ mit. Das ist die nüchterne Einsicht des sogenannten Konstruktivismus, der in einer gemäßigten Form auch in die Religionspädagogik Einzug gehalten hat.

Was da also wirklich „läuft" im Unterricht, ist letztlich gar nicht so einfach zu beschreiben - und auch nur in begrenztem Rahmen im Vorhinein planbar. - Das ist für die Seminarleiter in der Ausbildung natürlich schon ein „Stachel" im pädagogischen Fleisch, und die Referendare bringt das gelegentlich noch mehr an den Rand der Verzweiflung bei der Unterrichtsvorbereitung.
Fazit: Es ist fraglich, ob wir unseren Schülern je etwas „beige-bracht" haben. Jedenfalls im klassischen Sinne.

9

Was in den Köpfen unserer Schüler passiert, erfahren wir nicht wirklich. Und niemand sollte glauben, dass man bei einer Klausur die Substanz von faktisch Gelerntem dargeboten bekäme. Operationalisiertes Wissen, gewisse Faktenkenntnisse und evtl. auch Ansätze von Transfer-Leistungen.

Aber all diese Ergebnisse aufwendiger schulischer Arbeit bleiben am Ende doch recht äußerlich und formal. Was erreichen wir also mit unserer Arbeit?

Böse Zungen haben schon immer behauptet, „Bildung" sei das, was übrigbleibt, wenn man alles andere vergessen habe.

Und für uns als Religionspädagogen gilt das vermutlich in einem verschärften Sinne. Vielleicht vermitteln wir letztlich mehr so etwas wie Ahnungen und diffuse Gesamteindrücke zur Sache. Auf jeden Fall vermitteln wir uns selbst als Botschafter und Menschen.

2. Womit schon ein weiterer Punkt berührt ist: Wir unterrichten „Religion". Wenn ich einem Fremden sage, dass ich Religions-lehrer bin, dann begegnet mir bei manchen Zeitgenossen ein vieldeutiger Gesichtsausdruck, der zu sagen scheint: „Sie sehen gar nicht danach aus!" - Wie bitte sieht denn ein typischer Religionslehrer aus? oder „Oh, das ist sicher ein schwieriges Fach!" - Da bin ich fast in der Versuchung, mich verstanden zu fühlen.

Oder meine projizierende Phantasie liest aus den spontanen Stirnfalten des Gegenübers etwa die Bemerkung „Ach ja, das erklärt so manches ..." - Was auch immer da angedeutet sein mag. In der Regel bemühe ich mich dann, den gespeicherten Vorurteilen und Erwartungen nicht zu entsprechen.

Vielleicht bewegt sich dadurch etwas ...

Egal, welche Reaktion mir da entgegenschlägt, der eigentliche Knackpunkt ist immer die Frage, was im Kopf des Anderen vorgeht, wenn das Wort „Religion" gefallen ist. Was verbindet er damit? Welche Erfahrungen hat er gemacht, die seinen Standpunkt prägten? Welche Bedeutung hat die Sache für ihn?

Meine Erfahrung hat mich gelehrt, so gut wie nichts mehr als selbstverständlich vorauszusetzen, wenigstens wenn es um Stichworte wie Religion, Glaube, Gott usw. geht. Erst das weitere Gespräch bringt etwas Licht ins begriffliche Dunkel. Das ist bei meinen jugendlichen Schülern nicht anders als bei etwas erwachseneren Zeitgenossen.

3. Und wir *unterrichten* „Religion" - jeden Tag, als wäre das ein Gegenstand des Lehrens und des Lernens wie in den anderen Fächern des Schulprogramms. Aber auch das ist ein Irrtum. Wir können den jungen Leuten überhaupt keine Religion rüberbringen, so als sei das etwas, was ihnen bislang – wenigstens in der richtigen Form und Klarheit – gefehlt habe.
Wie alle anderen Menschen haben sie schon immer irgendeine Form von Religion, meist jenseits der herkömmlichen christlich-kirchlichen Muster, die man bislang für die einzige Gestalt von Religion gehalten hatte. Weit gefehlt.
Religion ist ein höchst vielfältiges Phänomen und zeigt sich evtl. mit recht fremden Gesichtern. Über die ist dann zu reden. Und da gibt's religionspädagogisch etwas zu lernen!

Und der Kern der ganzen Angelegenheit „Religion" - nämlich der Glaube - entlarvt das schulische Unternehmen endgültig als „unmöglich". Denn Glaube ist nicht lehrbar! Er ist - theologisch gesprochen - immer eine Gnade, also etwas, dass nicht von uns herstellbar ist, sondern nur empfangen werden kann.
Und in einem institutionalisierten Kommunikations-Prozess mit 25 oder 30 jungen Leuten kann er folglich nicht als Zielbe-schreibung dienen.

Wenn also der Begriff „Religion" - etwa mit Erich Fromm oder Paul Tillich - weit genug gefasst wird, bleibt die simple Fest-stellung übrig: Unsere Schüler haben Religion - und sie sind allesamt auch bereits „Gläubige"!
Beides brauchen wir ihnen nicht erst beizubringen - und können es auch gar nicht! Wenn das konsequenterweise nicht möglich ist, was ist dann das Mögliche an unserem „unmöglichen" Job?

11

Wo liegt eigentlich seine „Mitte"? Was ist seine Kontur, sein Ziel und Zweck? Was ist für unser religionspädagogisches Handeln wichtig - und was nicht?

Anmerkung

Der vorstehende Text entstammt (leicht verändert) einem anderen Werk: Reiner Jungnitsch: Morgen wird man anders glauben. Religionspädagogische Reflexionen. Aus der Praxis – für die Praxis, Saarbrücken 2014, 61ff.

Die nachfolgenden Beiträge sind weithin von meinen langjährigen Erfahrungen in beruflichen Schulen geprägt. Da jedoch die Situation des Religionsunterrichtes in dieser Schulform in mehrfacher Hinsicht einen paradigmatischen Charakter aufweist, dürften die hier vorgetragenen Überlegungen auch andernorts nicht fremd erscheinen.

I. Eine Art Vorspiel

Beginnen wir mit einem religionspädagogischen Arbeitsfeld, das biografisch quasi vor dem schulischen Religionsunterricht angesiedelt ist. Es geht hier um die sogenannte religiöse Früherziehung, also um die Lebensphase vor der Einschulung, in der wichtige Grundsteine gelegt werden für das angemessene Verständnis religiöser Ideen, Feste und Rituale. Dabei kann seitens der Eltern, Großeltern oder sonstiger Bezugspersonen viel richtig, aber auch viel falsch gemacht werden. Beides wird in der Kinderseele nachhaltige Wirkungen entfalten. Daher möchte dieser „Elternbrief" die tiefgreifende (religions-)pädagogische Verantwortung vor Augen führen, denn es ist keineswegs egal, wie der kindlichen Neugier und Wissbegierde begegnet wird, mit welchen Antworten die Kinder „abgespeist" oder sachgerecht und hilfreich ins Leben begleitet werden.

Wenn es auch nicht gleich auf den ersten Blick klar erscheint, so werden doch durch elterliche Antwort und Vorbild den Kindern Wertvorstellungen, Handlungsmuster und erste Puzzle-Teile einer Weltanschauung mitgeliefert, welchen Inhalts auch immer. Das gilt es zu wissen und zu reflektieren. Darin besteht ein wesentlicher Grundzug jeder Vermittlung von Religion.

Dieser Brief ist zwar direkt den Eltern gewidmet, dient aber zugleich der Orientierung der ErzieherInnen und ebenso den Lehrkräften, die in deren religionspädagogischer Ausbildung tätig sind.

Und wenn Ihr Kind Sie mal nach Gott fragt?
Ein Elternbrief zur religiösen Erziehung

Liebe Mütter und liebe Väter, als Erziehende liegt Ihnen das Wohl Ihrer Kinder ganz besonders am Herzen. Sie möchten ihnen einen guten Start ins Leben ermöglichen und ihnen auf Dauer hilfreiche Begleiter sein. Das schließt die ungezählten Sorgen und Nöte des Alltags ein, aber auch all die teils kniffligen Fragen, die den „Kleinen" so einfallen und die Sie als Erwachsene so gut wie möglich zu beantworten versuchen. Wenn es jedoch um Fragen zur Religion geht, fühlen sich viele Eltern recht unsicher. Da die Kinder aber auch hierüber ein Recht auf sachliche Auskunft haben, möchte Ihnen dieser Elternbrief ein wenig Hilfestellung sein.

I. Die Herausforderung

Sind Ihnen Fragen wie die folgenden so oder ähnlich auch schon gestellt worden: Wie sieht das Christkind aus? Was ist ein Engel? Mami, gibt es einen Teufel? Wieso kann ich Gott nicht sehen? Wo sind die Menschen, wenn sie tot sind? Wo ist der Himmel? Geht die Welt auch mal wieder zu Ende? Vati, warum hat Gott meinen Hamster sterben lassen? Warum bestraft Gott die Mörder nicht? Was macht Gott den ganzen Tag, isst und schläft er auch? Werden wir nach dem Tod weiterleben und genauso essen und trinken wie jetzt? Warum gibt Gott nie Antwort, wenn man ihn fragt? Ist Maria die Frau von Gott? Warum hat Gott Jesus auf die Erde gebracht? Was hat Jesus gemacht? Warum beten wir zu Gott? Und so weiter.

Das sind die Fragen, die einem das vielzitierte Loch im Bauch bescheren. Hand aufs Herz: Wüssten Sie auf all die genannten und ähnlichen Fragen gleich eine passende Antwort? Passend in dem Sinne, dass die Antwort sowohl pädagogisch Ihrem Kind und seinem Anliegen gerecht wird, als auch in der Sache, also theologisch, zeitgemäß vertretbar ist? Wenn nicht, dann ist das noch kein Grund, an der eigenen religiösen (In-)Kompetenz zu verzweifeln. Auch gestandene Theologen und Theologinnen müssen angesichts solcher Kinderfragen oft selber innehalten und all ihr gescheites Wissen in eine kindgemäße Form und

Sprache „übersetzen" lernen. Das ist nicht so einfach und will immer wieder neu geübt werden.

Dabei kann uns Erwachsenen eigentlich überhaupt nichts Besseres passieren, als von den Kindern so unbedarft und gnadenlos befragt zu werden. Nötigen uns diese Fragen doch zu einem erneuten Nachdenken über Themen, bei denen wir ein sicheres Wissen zu haben glaubten, oder wir werden ins Grübeln gebracht, weil so zu fragen uns nie in den Sinn käme. Das Leben von uns Erwachsenen ist nämlich weithin so zugestellt von den Sorgen und Verrichtungen des Alltags, dass wir für die „großen" Dinge des Lebens kaum mehr Platz haben. Die Fragen der Kinder sprengen da immer wieder wohltuend unsere selbstgebastelte Welt-Ordnung, die sich dadurch doch als dünnhäutig und brüchig erweist. Wie tragfähig, plausibel und hilfreich sind faktisch unsere Lebensphilosophie, unsere Wertvorstellungen und unser Glaube? Wie „christlich" denken, urteilen und handeln wir tatsächlich? Was bedeutet uns überhaupt der christlich-kirchliche Glaube?

Kinderaugen sehen oft mehr und genauer. Ihr Blick trifft vielfach mit intuitiver Sicherheit die wesentlichen Zusammenhänge. Nun, wenn Sie einmal versuchen, die oben genannten Fragen allein nur für sich selbst zu beantworten, werden Sie feststellen, wie schnell sich weitere Fragezeichen anschließen, die meistens immer grundsätzlicher werden. Das zeigt nur, wie sehr auf den Kern der Sache, sprich der Religion bzw. des Glaubens, solche Fragen hinzielen. Es besteht also genügend Grund, diese Anfragen und damit die, von denen sie gestellt werden, ernst zu nehmen.

II. Die Suche

Woher nun aber die passenden Antworten nehmen? Viele suchen um Hilfe in der Erinnerung an Gelerntes und Erlebtes in Kindertagen. Das mag manch schöne Situation wachrufen, vielfach aber auch nachhaltig wirksame Schattenseiten wieder bewusst machen. Vielleicht gab es sogar derart negativ-prägende Schlüsselerlebnisse, die zu einem Bruch mit Kirche und Glauben geführt haben.

Oder ein anfängliches Hineinwachsen in die religiöse Überlieferung ist über die Jugendzeit hinweg einfach verdunstet, weil
darin allzu viel Fremdes und Unverständliches war, das mit dem
konkreten Alltag offenbar nichts zu tun hatte.

Vermutlich gilt das für einen Großteil heutiger Eltern. Sie sind in
Sachen Religion in den Kinderschuhen steckengeblieben und
werden nun nach einer langen Pause durch ihre Kinder wieder
mit dem Thema konfrontiert. Diese Erinnerungsarbeit ist aber
schon ein wichtiger Schritt auf dem Weg zu einer gereiften
Religiosität. Was wir selber einmal als Antwort erhielten (oder
auch ungefragt einfach tun oder lernen mussten), ist in der Regel
wenig tauglich, heutigen Kindern eine hilfreiche religiöse
Perspektive zu eröffnen.
Auch ohne den Bezug zu einem bestimmten sachlichen Inhalt
sind die nachfolgenden Punkte für das Gespräch mit Ihren
Kindern unverzichtbar.

1. Nehmen Sie die Fragen Ihrer Kinder ernst! Versuchen Sie
behutsam zu erkunden, was die Frage ausgelöst hat. Manche
Wissbegierde hat einen ganz anderen Hintergrund als die
Formulierung erkennen lässt. So meint etwa die Frage, ob Mutti
oder Vati auch einmal sterben werden, nicht zuerst unsere
naturgegebene Sterblichkeit, sondern könnte eigentlich lauten:
Wer sorgt dann für mich? Bin ich dann ganz allein? Auf diesen
Aspekt hin wäre dann eine Antwort zu gestalten.

**2. Antworten Sie in der Sache so, wie Sie es auch einem
Erwachsenen gegenüber tun würden!** Das betrifft vor allem
Fragen zu natürlichen Abläufen, die allzu schnell mit Gott in
Verbindung gebracht werden. Das Wachsen der Blumen und
Bäume, das gute oder schlechte Wetter, ein Unfall im
Straßenverkehr und auch der Tod eines Haustieres oder eines
geliebten Menschen haben erstmal nichts mit Gott zu tun. Hier
haben rein „irdische" Erklärungen ihren Platz. Ansonsten baut
sich beim Kind ein magisch-bizarres Weltbild auf, in dem Gott
zum großen Zampano degradiert wird.

Auch bezüglich Schuld und Strafe sollte der „liebe Gott" aus dem Spiel bleiben. Sprüche wie „Die kleinen Sünden bestraft der liebe Gott sofort!" oder „Der liebe Gott sieht alles!" gehören zu den schlimmsten Gerüchten, die über Gott (leider immer noch) verbreitet werden. Sie sind ein langsam wirkendes Gift in einer Kinderseele!

3. Beantworten Sie auch nur, was gefragt wurde! Bleiben Sie so nah wie möglich am Kern der gestellten Frage, statt nun zu einem umfassenden Vortrag auszuholen. Das Kind wird über die gewünschte Auskunft hinaus vermutlich gar kein Interesse an größerem Wissen aufbringen. Wenn sein konkretes Bedürfnis gestillt wurde, ist die Sache auch erledigt, im Augenblick wenigstens. Geben Sie Ihrem Kind spürbar den Eindruck der Anteilnahme, des Interesses an seinem Wissensdurst. Die Intensität des kurzen Gesprächs sollte möglichst dem Gewicht der erfragten Thematik zu entsprechen versuchen. Aber ein hinreichendes Maß an Aufmerksamkeit verdient eine Kinderfrage allemal.

4. Wählen Sie eine Sprache, die dem Kind verstehen hilft! Das bedeutet, eine Erklärung muss im Horizont des kindlichen Denkens und Erlebens angesiedelt sein, wenn sie ein Erkenntnisgewinn sein soll. Alle Fremdworte und abstrakten Begriffe verbieten sich hier. Wahrnehmung und Einsicht eines Kindes sind wesentlich von den sinnlichen Eindrücken geprägt, ein abstrahierendes Denken wächst erst mit den Jahren. So wissen wir aus der Entwicklungspsychologie, dass Kinder ungefähr erst mit dem Schulalter ein realistisches Verständnis des Todes erreichen. Einem Vierjährigen werden also Stichworte wie „Seele" oder „Himmel" unverständlich und sinnlos bleiben. Ein Satz wie „Der Opa ist jetzt im Himmel" führt sehr wahrscheinlich zu dem Missverständnis, nun suchend in die Wolken zu schauen. Das geht zumindest am christlichen Glauben völlig vorbei.

5. Bleiben Sie bei der Wahrheit! Erzählen Sie Ihrem Kind nichts, was es später selbst als eine Lüge entlarven könnte. Gerade die religiösen Überlieferungen und Bräuche werden oft entstellt durch eine phantasievolle Übermalung oder durch einen schon abergläubischen Mystizismus. Wer Traditionen nicht mehr kritisch aufnimmt und weiterreicht, trägt zu ihrer Sinnentleerung bei, weil er selbst keinen Zugang zum Gemeinten gesucht hat. Das betrifft vorrangig die kirchlichen Feste und Feiern.

So kann es zum Beispiel nicht genügen, familiär das Weihnachtsfest zu begehen, ohne seinen Grund und Ursprung auch nur zu erwähnen. Das „Christkind" ist eben nicht nur das süßliche Baby mit Krippenromantik.

Es geht letztlich um den erwachsenen Mann aus Nazareth, dessen provokatives Reden und Handeln heute aktueller ist als jemals zuvor. Das wird dem Kind aber vorenthalten, wenn es von der Jesus-Geschichte allein den verniedlichten Anfang kennenlernt - und das Jahr für Jahr.

Nicht nur Jesus, auch St. Nikolaus und St. Martin werden den Kindern fälschlicherweise immer wieder als geheimnisvolle Wesen aus einer mythischen Überwelt vermittelt, die einmal im Jahr pompös „erscheinen" und ansonsten keinerlei Bedeutung haben. Diese Vertretergestalten der Religion machen dadurch die ganze Sache zu einer weltfremden und lebensfernen Angelegenheit, deren offenkundige Konstruktion und Verlogenheit sich älteren Kindern dann von selbst erweisen. Wenn das mit dem Christkind schon ein Schwindel war, dann wird auch an dem Rest der Religion nicht viel dran sein. Diese Schlussfolgerung ist nur noch die logische Konsequenz aus einer verfehlten religiösen Erziehung.

6. Überfordern Sie sich nicht selbst im Ringen um eine „richtige" Antwort! Sagen Sie ehrlich, was Sie selber wissen, denken und glauben. Nehmen Sie den Mund nicht voller, als es die Redlichkeit gebietet. Stehen Sie zu Ihrer eigenen Sichtweise, verschweigen jedoch nicht, dass es noch andere Perspektiven gibt, dass andere Menschen anderes glauben.

Kinder merken nämlich sehr schnell, wie ehrlich einer mit ihnen ist und ob sein Reden mit dem Tun übereinstimmt. Wagen Sie auch ruhig ein „Das weiß ich nicht" oder „Darüber muss ich selber erst einmal nachdenken" oder ähnliches. Denn gerade dort, wo es um existentielle Fragen geht, um weltanschauliche Themen, ist jeder persönlich gefragt. Da zählt nicht mehr objektives Wissen, sondern die eigene Überzeugung. Und die sind wir Erwachsenen den Kindern schuldig.

7. Prüfen Sie nochmals Ihren eigenen Glauben! Wie Sie sehen, werden die Kinderfragen über Religion leicht zu einem harten Prüfstein Ihres elterlichen Glaubens. Wer sein Kind hierbei nicht mit einer unbedachten Leer-Formel abspeisen will, sieht sich also herausgefordert, diesen Themenbereich erneut auf die Tagesordnung zu setzen. Lassen Sie sich mutig auf das Gespräch und ggf. auf eine Diskussion ein (auch untereinander).
Ein Glaube, der keine Infragestellung und auch keinen Zweifel verträgt, ist nämlich nichts wert. Entdecken Sie den Glauben, die Welt und das Leben neu mit Ihren Kindern. Dabei können alle nur gewinnen.

III. Die Perspektive
Vielleicht haben Sie sich derweil auch schon gefragt, warum Sie Ihr Kind überhaupt religiös erziehen sollten. Es scheint ja auch ohne zu gehen. Besonders die Eltern, die selber keine sehr angenehmen Erfahrungen mit der Religion (Kirche, Pfarrer, Religionslehrer usw.) machen konnten, sind dadurch auf Distanz gegangen oder lehnen sogar jegliche religiöse Beeinflussung der Kinder ab. „Mein Kind soll sich später einmal selber entscheiden können, welcher Religion es angehören möchte" - so ist nicht selten zu hören. Dieses Argument will offensichtlich die Wahlfreiheit der Kinder schützen, sie nicht einer frühzeitigen Manipulation ausgesetzt wissen.

So positiv diese Absicht auch sein mag, sie geht an der Realität vorbei und bewirkt sogar eher das Gegenteil. Der Grund liegt in einem falschen Religionsverständnis. Wie eben schon angedeutet, dreht sich das, was wir Religion nennen, um die grundlegenden Bedeutungs-Fragen unseres Lebens: Woher? - Wohin? - Wozu? Nach einem Sinn zu suchen, nach gültigen Wertmaßstäben und nach einem tragfähigen Lebensmodell ist ein allgemeines menschliches Streben. Die Fragezeichen mögen sich für jeden irgendwie anders stellen, doch tauchen sie irgendwann auf und verlangen bohrend nach einer Stellungnahme. Wie deutlich und intensiv sich jemand dazu auch verhalten mag, er wird schließlich die Antwort durch seine Lebenspraxis geben.

Auch Sie als Eltern haben eine bestimmte Lebensvorstellung, vertreten gewisse Werte und pflegen einen selbstgewählten Lebensstil. In alledem sind wir aber nicht ursprünglich die Entdecker oder Erfinder dieser Bauelemente unseres Daseins: Geschlecht, Sprache, Kultur, Hautfarbe, Mentalität, Begabung, Nationalität, Verhaltensmuster und anderes mehr.

Wir haben die meisten Puzzlestücke unserer Identität übernommen, abgeguckt, nachgemacht und vererbt bzw. (bewusst oder unbewusst) vorgelebt bekommen.
Wir stehen also unvermeidlich in einer Vielfalt von gesellschaftlichen wie familiären Traditionen. Und diese geben wir, wiederum absichtlich oder unbemerkt, an unsere Kinder weiter. Für die Sprösslinge sind die Eltern gewissermaßen ein offenes Buch über das Leben. Sie lesen darin, wie das Leben „funktioniert", wie man glücklich sein kann oder traurig gemacht wird, wie man mit anderen Menschen umgehen kann, was man angeblich nicht tun darf und was als „anständig" gilt usw. Kurz: Sie erleben, vorab zu jeder sprachlichen Erklärung, was es bedeuten kann, ein Mensch zu sein.

Folglich ist es auch gar nicht möglich, Kinder *nicht* zu beeinflussen. Sie bekommen von Anfang an ein höchst konkretes Lebensmodell und ebenso konkrete Wertmaßstäbe vermittelt, die ihrerseits immer auch schon einen „religiösen" Charakter enthalten, selbst wenn dabei keine typisch religiöse Vokabel im Spiel ist. Das gutgemeinte Fernhalten von der Religion um der Wahlfreiheit willen ist also bei genauerem Hinsehen ein naiver Selbstbetrug - und zugleich ein Betrug am Kind. Denn wie soll sich später der Jugendliche oder Erwachsene für irgendeine Religion, für einen ihm richtig erscheinenden Glaubensweg entscheiden können, wenn er keinen der vielen verschiedenen Glaubenswege auch nur ansatzweise kennenlernen durfte? Wer das Argument mit der offengehaltenen Wahlfreiheit wirklich ernst meint, der müsste seinem Kind eigentlich fairerweise sämtliche Religionen, Konfessionen, Philosophien und Weltanschauungen vorstellen und erklären, um ihm eine realistische Wahl zu ermöglichen.

Entscheidung setzt demnach Kenntnis und Erfahrung voraus. Genau diese aber erwerben zu können, um zu einer eigenen, gereiften Religiosität zu finden, macht die Aufgabe einer religiösen Erziehung aus.

Sie beginnt, soweit wir heute wissen, faktisch sogar schon vor der Geburt. Bereits im Mutterleib erreichen das Kind erste Impulse und Eindrücke von der Welt außerhalb und bilden früheste Grundlagen für ein tiefsitzendes Vertrauen (oder Misstrauen) zum Leben insgesamt.

Dieses Urvertrauen, eine ungebrochene Lebensbejahung und die Fähigkeit, zu sich selbst, zu anderen Menschen, Tieren und der übrigen Schöpfung förderliche Beziehungen aufzubauen, dazu können wir ab da unseren Kindern verhelfen. Das sind die tragenden Säulen für ein gelingendes Leben und zugleich die Basis einer jeden religiösen Überzeugung und Lebenspraxis. Darauf bauen alle weiteren inhaltlichen Elemente auf.

Nicht also ein frühestmögliches Bekanntmachen mit biblischen Geschichten, dem sonntäglichen Gottesdienst oder abendlichen Gebetsritualen sind der unverzichtbare Bodensatz einer ausbaufähigen Glaubensweitergabe, sondern diese ganz unscheinbaren menschlichen Aspekte. Wer sie tief genug auslotet im Denken und Erfahren, der wird darin die eigentlich religiöse Dimension entdecken.

II. In Sachen Religionspädagogik und Religionsunterricht

1. Der gesellschaftliche Kontext

Der Religionsunterricht der Gegenwart ereignet sich in einer radikal veränderten Situation. Gehörte noch vor wenigen Jahrzehnten der größte Teil der Bevölkerung zu einer der beiden Großkirchen, was sich formal in der konfessionellen Verteilung der Schülerschaft spiegelte. Inzwischen haben sich die Verhältnisse deutlich gewandelt, was ein kleiner statistischer Vergleich offenbart:

Religionszugehörigkeiten in Deutschland	1970	2010	2015
Evangelisch	49 %	29,4 %	27,1 %
Katholisch	44,6 %	29,4 %	28,9 %
Muslimisch	1,3 %	4,6 %	4,4 %
And. Religionsgemeinschaften	1,2 %	1,8 %	3,6 %
Konfessionslos	3,9 %	34,8 %	36 %

Quellen: Frank Th. Brinkmann, Religionspädagogik, Kohlhammer, Stuttgart 2013, 147;
https://fowid.de/meldung/religionszugehoerigkeiten-deutschland-2016

Die konfessionelle Bindung der meisten Bundesbürger ist dramatisch geschrumpft. Die inzwischen größte Gruppe bilden die Konfessionslosen. Es dürfte auch keine allzu gewagte These sein, dass sich dieser Trend weiter fortsetzen wird. Was bedeutet das für Theorie und Praxis des Religionsunterrichtes?

Den Kirchen hat die veränderte Lage derweil eine neue Rahmenbeschreibung für dieses Fach aufgezwungen. Bildete früher eher die abgrenzende konfessionelle Orientierung das zentrale Profil des evangelischen bzw. katholischen Religionsunterrichtes, so stellt man aktuell von beiden Seiten konfessionell-kooperative Formen in den Vordergrund. Angesichts von immer mehr

23

ungetauften oder fremdreligiösen Kindern und Jugendlichen ist dies zumindest ein Schritt in die richtige Richtung.

Die schulische Praxis erzwingt zudem auch vermehrt unterrichtliche Regelungen, die keine konfessionelle Trennung der Schülerschaft einer Klasse mehr kennt oder zulässt. Ein gutes Beispiel dafür sind die beruflichen Schulen. Der Religionsunterricht wird hier in der Regel im Klassenverband erteilt, d. h. der Lehrkraft sitzen faktisch Jugendliche der unterschiedlichsten Religionen und Konfessionen gegenüber – ebenso wie die stark gewachsene Gruppe derer, die keinerlei Bezug zu irgendeiner religiösen Tradition aufweisen. Aber selbst bei den vermeintlich christlichen Schülern kann schon lange keine nachhaltige religiöse Sozialisation mehr vorausgesetzt werden. Drastisch ausgedrückt: Ein religiöser Analphabetismus bestimmt weithin die Szene. Das bleibt nicht ohne Folgen für das Selbstverständnis und vor allem für die unterrichtliche Gestaltung des Faches. Wie lässt sich in diesem Kontext angemessen über die Themen der Religion reden?

2. Angelpunkt: Erfahrung

Es ist einer der Schlüsselbegriffe heutiger Theologie und Religionspädagogik, dessen auffallend häufiger Gebrauch geradezu eine Nachfrage herausfordert: Was wird damit umschrieben? Was bringt jemand zum Ausdruck wenn er sagt, er habe dieses oder jenes „erfahren"? Was bedeutet der Begriff im Kontext von Religion und Glaube?

Unstrittig ist sicher die banale Feststellung, Erfahrung bezeichne „die Gesamtheit dessen, was dem Menschen im Leben seines Bewusstseins widerfährt"[1] bzw. die Tatsache, dass wir Eindrücke empfangen, die bestimmte Empfindungen hervorrufen.[2]
Dass „etwas erfahren" wird, drückt schon in dieser Wortwahl das Zweierlei aus, das sich in diesem Vorgang verbindet: das erfahrende Subjekt, das Ich, und eben das „Andere", das erfahren wird. Erfahren kann ich, grob gefasst, mich selbst, andere Menschen, die natürliche Umwelt oder auch Situationen. Jede Erfahrung ist stets ein mehrdimensionales Wechselspiel zwischen dem Innen und dem Außen, zwischen den verschiedenen Sinneswahrnehmungen auf der einen, und unseren höchst komplexen geistig-seelischen Verarbeitungs- und Deutungsvorgängen auf der anderen Seite. Sie bleibt ein kontinuierlicher Lebensvollzug, der das Dasein in seiner ganzen Breite und Tiefe umfasst.

Dabei geht es jedoch nicht so sehr um das Registrieren von Fakten, um ein sich häufendes Wissen. Erfahrung meint ein „Wissen, das einen Geschmack hat. Solches Wissen gewinnt man nur, wenn man aus sich herausgeht ..., sich mit Welt, Menschen und jeder Art von Wirklichkeit auseinandersetzt, gleichsam durch sie hindurchreist ... und unter Leiden, mit Geduld, lernend und sich korrigierend den Schatz seines Wissens vervollkommnet".[3]
Hierin unterscheidet sie sich vom bloßen Erlebnis, das auf das sinnliche Erfassen beschränkt bleibt.

Erfahrung bedeutet aber nicht allein eine Art Wissen, sondern sie prägt das Bewusstsein und wird umgekehrt durch dieses geprägt. Der, der aus sich herausgeht, um Erfahrungen zu sammeln, bleibt ja selber nicht außerhalb dieses Geschehens zurück, sondern macht seine Erfahrungen als der, der er ist. Jeder von uns erfährt gemäß den je eigenen biografischen, kulturellen, sozialen und zeitgeschichtlichen Vorgaben.[4]

Erfahrungen sind also weder voraussetzungslos, noch (in einem vermeintlich wissenschaftlichen Sinne) objektiv. Sie sind jeweils „meine" oder „deine" Erfahrungen. Derselbe Sachverhalt kann folglich von verschiedenen Personen sehr unterschiedlich erfahren werden; er ist dann am Ende eben nicht mehr „derselbe".

Zudem beanspruchen alle Erfahrungen, in gleichem Maße gültig zu sein, denn ein „richtig" oder „falsch" kann es darin konsequenterweise nun nicht mehr geben.
Das nötigt uns aber gleichzeitig zur Kommunikation, zum erzählenden Austausch von Erfahrenem: „Wen wundert´s da, dass gerade die Erzählung die Gattung ist, durch die man am besten die Fülle der Erfahrung mitteilt. Je dichter Glaube und Theologie an Erfahrung herankommen, desto narrativer werden sie."[5]

Von Erfahrungen berichten zu können setzt aber voraus, dass ich sie mir *als* Erfahrungen zu eigen gemacht habe. Nicht alles Wahrgenommene und Erlebte ist gleich Erfahrung, und nicht alles Erfahrene ist mir wirkliche Erfahrung. Es muss erst zu Bewusstsein gelangen, erst bedacht werden. Nur der Nachdenkliche, der äußerlich wie innerlich Aufmerksame, wird das Erfahrene auch zur für ihn nützlichen Erfahrung machen können[6].

Dennoch: dieses Wechselspiel – auch hier darf von einer Art Korrelation gesprochen werden – zwischen dem Innen und Außen geschieht nur allzu oft ohne bewussten Vollzug, und in vielen Fällen sogar ohne jegliche Absicht.

Ein wesentlicher Teil unserer Erfahrungen wird nicht bewusst und gezielt von uns „gemacht", sie *widerfahren* uns.

Zu deren Verarbeitung gehören, so J. Moltmann, Verstand und Wille natürlich dazu, „aber das Unterbewusstsein und der Körper 'verarbeiten' auch. Auch der Körper hat seine Erinnerungen. Uns unbewusste Kräfte arbeiten an den Erfahrungen in uns. Es ist also beschränkt, Erfahrung nur auf das Leben des Bewusstseins und die Tätigkeit des Verstandes zu beziehen".[7]

Erfahrungen werden demnach *aktiv* und *passiv* gemacht. Daher bleiben auch die Übergänge zwischen Wahrnehmungen und Erfahrungen fließend.

Die mehr passive Seite, das Widerfahrnis, ist charakteristisch für die ganz elementaren Erfahrungen z. B. der Liebe und des Todes. Sie lassen sich weder rationalistisch „begreifen", noch endgültig „bewältigen". Sie verlangen in ihrer unvergleichlichen Einprägsamkeit einen anderen, lebensgeschichtlich-deutenden Ausdruck und bleiben als tiefe Lebenserfahrungen zudem immer unabgeschlossen.

Was bei den sogenannten Grenz-Erfahrungen vielleicht nur schärfer und spürbarer in den Blick gerät, gilt aber schon für jede andere, weniger tiefe Erfahrung: dass sie nämlich eine „transzendente Innenseite" besitzt. Religiös gesprochen: Gotteserfahrungen *ereignen sich in und durch* unsere alltäglichen Erfahrungen!

Menschen, Dinge, Situationen und sich selbst in dieser Perspektive sehen zu können, Gott „in allen Dingen" zu finden (Ignatius von Loyola), verleiht dem Leben einen anderen Geschmack, lässt tiefer und ganzheitlicher leben und erkennen. Dies zu vermitteln hat schon mehr den Charakter einer Mystagogie.

Ein solches Verständnis von Gotteserfahrungen, von Offenbarung, die sich in „normalen" menschlichen Erfahrungen vollzieht, „in denen sich ein transzendenter, die Selbstverständlichkeiten unserer Welt überschreitender Sinn manifestiert und zugleich bejahend angenommen wird"[8], hat religionspädagogisch zur Folge, Kinder, Jugendliche und Erwachsene vor allem dazu zu ermutigen und zu befähigen, mit der christlichen Überlieferung (als zu Schriftform gewordener Erfahrungen) heute *eigene* Erfahrungen zu machen, diese zur Sprache und ins Gespräch zu bringen.

Damit legitimiert sich nochmals theologisch die Didaktik der Korrelation.

Redlicherweise darf und kann dabei das Ergebnis dieser vielseitigen Wechselbeziehungen nicht von vornherein feststehen, „da weder die Glaubensaussagen noch die heutige Erfahrung unverändert aus ihrem Zusammentreffen und Zusammensein hervorgehen."[9]

Alle religionspädagogischen Bemühungen in diesem Sinne „laden den Menschen zu einer bestimmten Interpretation seiner Lebenserfahrungen ein. Sie ermutigen ihn, seine erfahrene Wirklichkeit ohne Einbußen und Verkürzungen auf den Glauben hin zu sehen und umgekehrt den Glauben inmitten der Lebenswirklichkeit auf seine Lebenskraft zu prüfen".[10]

Gerade den jugendlichen Schülern gilt es darum Mut zu machen zu ihren eigenen Erfahrungen. Sie sollen lernen dürfen, nicht nur aufmerksamer wirklich *eigene* Erfahrungen zu machen und darin sich selber ernst zu nehmen, sondern ihr Erfahrenes auch vor jedem fremden Relativieren oder Abwerten selbstbewusst zu verteidigen. Auf diese Weise wirkt eine religiöse Unterweisung nicht nur identitätsbildend, sie gewinnt auch dadurch einen neuen autoritativen Stellenwert, d. h. verhilft zu mehr Rückgrat und aufrechtem Gang im Widerstand gegen all die Mächte der Fremdbestimmung - egal, ob „weltlich" oder kirchlich.

Letztlich bilden sogar die Jugendlichen (neben anderen) das eigentliche „Subjekt der Theologie", denn „was 'unten' geglaubt wird, das wird wirklich geglaubt, und das bestimmt das Leben. Nur neue Erfahrungen, die 'unten' gemacht werden, erneuern das Christentum wirklich. Jugend gehört zu denen 'unten'. Wir haben Anlass, uns mit der Theologie zu beschäftigen, die ihre alltäglichen Erfahrungen sie lehren".[11]

Anmerkungen:

Die meisten Beiträge in diesem Kapitel sind über Jahre verteilt an verschiedenen Stellen erschienen und wurden für diese Zusammenstellung leicht überarbeitet. Sie haben jedoch m. E. ihren praktischen Nutzen und Anspruch nicht verloren, insbesondere für Lehramtsstudenten und Berufsanfänger.

1) B. Quelquejeu/J.-P. Jossua, Art. „Erfahrung", in: NHThG Bd. 1, 230-241, 231

2) Vgl. B. Dieckmann, Art. „Erfahrung", in: Ch. Wulf (Hg.), Vom Menschen. Handbuch Historische Anthropologie, Weinheim/Basel 1997, 744-750

3) L. Boff, Erfahrung von Gnade, Düsseldorf 1978, 63

4) In der philosophischen Reflexion führte das zu der banalen aber folgenreichen Einsicht, dass jede Definition von Erfahrung „notwendig ein Konstrukt ist" (Anm. 1, 233)

5) Boff (Anm. 3), 63. Ein einfaches Beispiel des alltäglichen Vorkommens solcher perspektivischer Überschneidungen, also des unterschiedlichen Erzählens des gemeinsam erlebten Sachverhalts bilden die in der Regel nicht deckungsgleichen Berichte über einen Verkehrsunfall. Wie fatal es werden kann, durch diese ungleichen Berichterstattungen hindurch die „objektive Wahrheit" (etwa über ein Verbrechen) herauszufinden, zeigt eindrucksvoll der Film *Rashomon* des japanischen Regisseurs Akira Kurosawa.

6) Vgl. N. Scholl, Was der christliche Glaube will, München 1988, 34-40

7) J. Moltmann, Theologie in den Erfahrungen des gelebten Lebens, in: H. Pissarek-Hudelist/L. Schottroff (Hg.), Mit allen Sinnen glauben, GTB 532, Gütersloh 1991, 151-161, 156.
Weiterhin Ch. Schaumberger, Art. „Erfahrung", in: E. Gössmann u.a. (Hg.), Wörterbuch der Feministischen Theologie, Gütersloh 1991, 73-78

8) E. Rolinck, Art. „Offenbarung/Erfahrung", in: HrpG Bd. 2, 654-661, 660

9) K. Hollmann, Was nützt der Glaube?, Paderborn 1980, 42

10) Ebd., 43

11) M. Veit, Theologie muss von unten kommen, Wuppertal 1991, 21

3. Erfahrungen von Schülerinnen und Schülern

Wenn nach den Erfahrungen von Schülerinnen und Schülern gefragt wird, verlangt die Reflexion wenigstens eine dreifache Klärung: Was bedeutet „Erfahrung"? Worin bestehen die gemeinten Erfahrungen der Schülerinnen und Schüler? Welchen Stellenwert haben diese Erfahrungen im Religionsunterricht (RU)?

Der Focus der folgenden Überlegungen richtet sich zwar primär auf den Bereich berufsbildender Schulen, dennoch gilt er entsprechend auch für andere Felder religionspädagogischen Wirkens.

1. Was bedeutet „Erfahrung"?

Weitgefasst meint der Begriff die Gesamtheit dessen, was einem Menschen bewusst widerfährt. Jede Erfahrung ist ein mehrdimensionales Wechselspiel zwischen Innen und Außen, zwischen Wahrnehmungen und geistig-seelischen Verarbeitungs- und Deutungsvorgängen. Dabei handelt es sich weniger um das Anreichern eines Faktenwissens, eher meint Erfahrung ein „Wissen, das einen Geschmack hat. Solches Wissen gewinnt man nur, wenn man aus sich herausgeht…, sich mit Welt, Menschen und jeder Art von Wirklichkeit auseinandersetzt, gleichsam durch sie hindurchreist … und unter Leiden, mit Geduld, lernend und sich korrigierend den Schatz seines Wissens vervollkommnet" (Boff)[1]. Hierin unterscheidet sich begrifflich die Erfahrung vom Erlebnis, das weithin im sinnlichen Erfassen verbleibt.

Dieses „Wissen" ist eben nicht primär kognitiv, sondern prägt das Bewusstsein und wird umgekehrt von dorther geprägt. Jeder Mensch macht seine Erfahrungen als der, der er ist, d. h. das Erfahren ist je schon mitbestimmt von den biografischen, kulturellen, sozialen und zeitgeschichtlichen Vorgaben. Erfahrungen sind also weder voraussetzungslos, noch objektiv. Sie sind immer *meine* oder *deine* Erfahrungen. Weil eine Situation bzw. ein Sachverhalt folglich ganz unterschiedlich erfahren werden kann, stehen diese Erfahrungen erstmal gleichgültig nebeneinander. Das Offenbarwerden der Differenz setzt den Austausch voraus und zeigt die innere Verflechtung von Erfahrung und Kommunikation.

Dennoch geschehen Erfahrungen oft ohne bewussten Vollzug oder ohne jegliche Absicht, sie werden nicht gezielt „gemacht", sie widerfahren. Deren Verarbeitung verlangt zwar den Intellekt, „aber das Unterbewusstsein und der Körper ‚verarbeiten' auch. Auch der Körper hat seine Erinnerungen" (Moltmann)[2]. Darum dürfen wir Erfahrung nicht allein auf das Bewusstsein und den Verstand beziehen.

Erfahrungen besitzen jeweils eine aktive und eine passive Seite, weswegen auch die Übergänge zwischen Wahrnehmungen und Erfahrungen fließend bleiben. Elementare Erfahrungen z. B. von Liebe und Tod lassen sich weder rationalistisch „begreifen", noch abschließend „bewältigen". Sie verlangen in ihrer je besonderen Prägung einen spezifischen lebensgeschichtlichen Ausdruck. Und weil die besonders tiefgreifenden Erfahrungsbereiche stets unabgeschlossen bleiben, verfügt letztlich auch niemand restlos über die eigenen Erfahrungen – und damit über sich selbst. Die eigene Identität ist nur partiell zugänglich.

Was bei sogenannten Grenz-Erfahrungen schärfer in den Blick gerät, gilt jedoch auch für weniger „tiefe" Erfahrungen: sie besitzen eine transzendente Innenseite. Anders (theologisch) gesagt: Religiöse und schließlich auch Gottes-Erfahrungen ereignen sich *in* und *durch* das Alltägliche. Diese perspektivische Vermittlung ist die eigentliche religionspädagogische Aufgabe.

2. Worin bestehen die Erfahrungen der Schülerinnen und Schüler?

Diese Frage können authentisch nur die Erfahrenden selber beantworten im Rahmen ihrer jeweiligen Reflexions- und Sprachkompetenz. Das Erfahrene ist dabei durch sie selber nur als aktuelle Interpretation aussagbar, die dann vom hörenden Gegenüber nochmals gedeutet wird. Sofern diese Bedingtheit

31

nicht unterschlagen wird, sind alle Darstellungen über die „Erfahrungen Jugendlicher", wie sie in zahlreichen soziologischen Studien dokumentiert sind, immer mit einem gewissen Vorbehalt zu lesen. Das gilt auch für die Elemente der folgenden Skizzierung.

Jugendliche partizipieren auf ihre Weise an den gegenwärtigen gesellschaftlichen Zuständen und Tendenzen. Die sogenannte „postmoderne" Gesellschaft scheint – nach dem Verlust der großen kollektiven Deutungsmuster wie Christentum, Volk, Nation und Wissenschaft – durch zunehmende und ambivalente „Und"-Verbindungen (z. B. „Generation @") geprägt zu sein: „Es sind eine fortschreitende Veröffentlichung fast aller Lebensbereiche durch Medien und eine gleichzeitige Verschiebung fast aller Entscheidungen auf den Einzelnen festzustellen, was zugleich mit einer noch nie dagewesenen Freisetzung des Einzelnen für seine risikoreichen Lebensentscheidungen verbunden ist. Dies bringt auf der Rückseite Erfahrungen der Entsozialisierung, Enttraditionalisierung, verbunden mit Vereinsamungs- und Überforderungssyndromen, mit sich" (Gerber)[3].

Der permanente Entscheidungszwang gebiert Orientierungsnöte, die sich durch Patchwork-Identitäten und Werte-Cocktails zu beantworten versuchen. Dem nomadisierenden Bastel-Modus ist auch die Religiosität nicht entgangen. Gerber spricht hier vom Weg in eine „Erleichterungsreligion": Religion diene dazu, die passende „Ichform" zu finden „durch persönliche Identifikation und durch Abgrenzung, wobei synkretistisch verfahren wird nach Gesichtspunkten individueller Selbstinszenierung" (Gerber, 31). Dadurch verblassen zunehmend die Formen kirchlich-konfessioneller Religiosität und weichen einer Vielfalt säkularer Religiositäten.

Religionslehrer/innen begegnen bei heutigen Jugendlichen keiner homogenen Gestalt religiöser Sozialisation mehr, sondern einer Pluralität religiös-weltanschaulicher Praktiken und Plausibilitäten (die auch beim Einzelnen nicht unbedingt miteinander „stimmig" zu sein brauchen). Das erschwert ein kommunikatives Begegnen in gemeinsamen Weltbild- und Werte-Räumen, erfordert und schafft aber gleichzeitig neue Möglichkeiten religiösen Lehrens und Lernens, die diesen veränderten Rahmenbedingungen auf neuen Wegen zu entsprechen versuchen.

3. Welchen Stellenwert haben diese Erfahrungen im RU?

Kurz gesagt: Ihnen kommt die zentrale Bedeutung zu! War es in der neueren Religionspädagogik bereits Konsens, dass die Schüler im Mittelpunkt aller unterrichtlichen Bemühungen stehen, so verstärkt sich heute die fachliche Orientierung in zweifacher Hinsicht. Einerseits gewinnt der personal-dialogische Akzent (zwischen Lehrkraft und Schülern, als auch der Schüler untereinander) ein nochmals größeres Gewicht vor allen inhaltlichen Prioritäten (Lehrplan).

Zum anderen wird in diesem kommunikativen Prozess die Lehrkraft als Person zum primären Kristallisationspunkt des korrelativen Erfahrungsaustausches. Sie verkörpert Fach und Inhalt in je einmalig-authentischer Weise. Das meint einen unüberbietbaren Anspruch, nicht aber eine realitätsferne Überforderung, denn es geht letztlich um die lebensdienliche Realisierung einer Befreiungs-Botschaft, die den Jugendlichen (wiederum korrelativ) nahegebracht werden soll. Das geschieht vor allem, indem Sichtweisen und Erfahrungen beiderseits thematisiert und miteinander bedacht und gemeinsame neue (meditative, interaktive, reflexive) Erfahrungen initiiert und zugelassen werden. So qualifiziert Gerber die Aufgabe des RU als „Wahr-Nehmungs-Praxis und Wahr-Nehmungs-Lehre" (Gerber, 61). Darin konkretisiert sich die genannte theologische Einsicht, dass das Transzendente im Alltäglichen zum Vorschein kommen kann.

Religionspädagogisch gewendet bedeutet das die Ermutigung der Schülerinnen und Schüler zu ihren eigenen, gerade auch religiösen Erfahrungen. Sie sollen angeleitet und gestärkt werden, nicht bloß aufmerksamer wirklich *eigene* Erfahrungen zu machen (und sich darin selber ernst zu nehmen), sondern das

33

Erfahrene auch vor jedem fremden Relativieren und Abwerten selbstbewusst zu verteidigen. Dadurch fördert der der RU die Identitätsbildung und stützt den „aufrechten Gang" im Widerstand gegen alle Versuche der Fremdbestimmung.

Die Jugendlichen dürfen sich also zu Recht auch als „Subjekte" von Theologie verstehen (was sie potentiell schon immer waren), die ihre eigenen Gedanken und Erfahrungen z. B. in der Begegnung mit biblischen Erzählungen gültig einbringen können, um so das Eigene (Sehnsüchte, Hoffnungen, Versagen usw.) in diesen Überlieferungen provokativ gespiegelt zu finden. Wo der Unterricht in diesem Wechselbezug von Personen und Erfahrungen seinen Anteil nimmt an perspektivischem Zugewinn, erreicht er auch sein generelles Ziel einer weiter entfalteten Lebensgestaltungs-Kompetenz der Schülerinnen und Schüler.

Anmerkungen

1) BOFF, LEONARDO: Erfahrung von Gnade, Düsseldorf 1978, 63
2) MOLTMANN, JÜRGEN: Theologie in den Erfahrungen des gelebten Lebens, in: H. Pissarak-Hudelist / L. Schottroff (Hg.): Mit allen Sinnen glauben, GTB 532, Gütersloh 1991, 151-161, 156
3) GERBER, UWE: Gegenwärtige und zukünftige Problemfelder des Berufsschulreligionsunterrichtes, in: U.Gerber / P. Höhmann / R. Jungnitsch: Religion und Religionsunterricht, Frankfurt/M. 2002, 19-64, 22f

4. Was meint „Religiosität"?

Auch dies ist so ein Begriff, der ganz selbstverständlich in aller Munde geführt wird, aber bei einer simplen Rückfrage nach dem Gemeinten geraten die meisten von uns ins Stottern. Denn Religiosität mit wenigen Worten oder Sätzen zu umschreiben oder gar zu definieren, scheint unmöglich. Gehört doch zu vieles hinein, was bei einer knappen Benennung leider ungenannt bleiben müsste und die gewählte Skizzierung gleich als einen Torso entlarvt.

Was bleibt, ist also stets der Versuch einer rahmenhaften Umschreibung, sei es inhaltlich oder strukturell, von einem religionswissenschaftlichen Ansatz oder einer religionspädagogischen Zielsetzung her. Der Begriff bleibt jedenfalls nebelhaft, entspricht aber so dem schillernden Phänomen, das er zu erfassen versucht.

Zur Illustrierung dieses Sachverhalts möchte ich hier nur drei typische Erfassungs-Versuche kurz aufgreifen.

Eine vorsichtig-offene Beschreibung des Beobachtbaren gibt Josefine Heyer, da sie den Begriff als „bis heute nur unzureichend geklärt" ansieht und dieser sowieso mehr pragmatisch definiert werde: „Religiosität ist also sowohl eine verhaltensnormierende als auch eine sinngebende Erfahrung, die emotionale und kognitive Zugehörigkeit vermittelt. Sie kann Kirchlichkeit einschließen, ist aber ebenso existent in außerkirchlicher, nicht gebundener Form, die sich gegenüber institutionellen Formen und Beeinflussung indifferent oder resistent verhält und sich in religiöser Erfahrung niederschlägt".[1]

Das Ausschlaggebende an diesen besonderen Erfahrungen, deren Wurzeln „angeborene Anlagen und Erfahrungsbereitschaften" sind, bleiben die Konsequenzen für die Lebenseinstellung: „Loslassen der Ichbezogenheit und aktiver, vom Ich unverstellter Reaktion auf die Welt; d. h. Aufgeben des Narzissmus, Überwindung der eigenen Destruktivität und Zuwachs an Fähigkeit zu lieben".[2]

35

In dieser Sicht sind bewusst und sachgerecht feministische Aspekte einbezogen, die man in älterer theologischer Literatur so nicht findet.

Eine dogmatische und einseitig kognitivistische Betrachtungsweise ist darin zugunsten einer ganzheitlichen Perspektive überwunden. Allerdings bleibt unklar, welcher Art diese begründende Erfahrung ist.

Etwas anders versuchte Bernhard Grom von Religiosität zu sprechen. Für ihn bedeutet sie „die Bereitschaft von Menschen ... sich selbst, die Mitmenschen und die Welt in Beziehung zu einem Übermenschlich-Göttlichen ... zu erleben und zu denken und sich gemäß dieser persönlichen Erfahrung oder entsprechend den diesbezüglichen Überzeugungen und Weisungen einer Glaubensgemeinschaft zu verhalten".[3]

Als Leitziel gilt für ihn, zu einer „reifen Religiosität in einer reifen Persönlichkeit" zu erziehen. Das meint eine Religiosität, die „über eine bloß wissensrelevante und zugehörigkeitsmotivierte Form hinaus auch als erlebnis- und verhaltensrelevantes, ja auch erlebnisverwurzeltes und situationsoffenes, inhaltsbestimmtes Erlebnis-, Denk- und Verhaltensmuster verinnerlicht wird, die im Sinne einer hingabefähigen und einsichtsbestimmten Einstellung erfüllungsmotiviert ist und sich zu einer dialogisch-heilsgeschichtlichen Bindung entwickelt".[4]

Hier wurde offenbar nichts ausgelassen, was irgendwie an strukturellen, inhaltlichen und vor allem religionspädagogischen Elementen hineinzugehören scheint. Doch dieses additive Modellgebirge ist in doppelter Hinsicht in etwas zu dünner Höhenluft angesiedelt.

Einerseits ist es für eine praktische Nutzung in den pädagogischen Alltagsniederungen in kaum erreichbarer Ferne und besitzt daher auch nur einen sehr begrenzten Orientierungswert; andererseits bleibt diese Vorstellung zu sehr theologischen und religionspsychologischen Erkenntnissen und deren Sprache verbunden, ist also „ideal", quasi „von oben her" formuliert.

Religionspädagogisch muss eine derart umfassende und hochbemessene Zielvorgabe problematisch werden, da die konkret vorfindlichen Formen von Religiosität (bei mir und bei den Schülern) immer spürbar hinter diesem Ideal zurückbleiben werden und damit kaum zu eigener Geltung kommen können. Dem bemüht sich Ulrich Hemel in seinem Entwurf schon mehr gerecht zu werden. Er sieht die Basis für Religiosität in jener Sensibilität, „die einen Menschen für die religiöse Dimension der Wirklichkeit aufgeschlossen sein lässt. Der religiösen Sensibilität als Grunddimension von Religiosität mit den Grund-haltungen der Offenheit, der Bewegung und des Empfangens entspricht eine Ausdrucksdimension von Religiosität, die zu vielfältigem äußeren (und wissenschaftlich erforschbarem) Verhalten führt".[5]

Dieses Ausdruckverhalten kann, in konventionellen Stich-worten, ein Gebet sein, eine Meditation, ein Gottesdienst-besuch, das Lesen religiöser Literatur, ein caritatives Handeln oder eine religiös begründete Berufswahl bzw. Lebensform.
Ein genaueres Hinsehen erkennt jedoch noch ungleich mehr und nuancenreichere Ausdrucksformen von religiöser und spiritueller Gestimmtheit.

Hemel benennt in seinem Modell fünf grundlegende Dimen-sionen von Religiosität und ordnet ihnen gleich entsprechende religionspädagogische Entfaltungshilfen zu:
1) Religiöse Sensibilität, die zu religiöser Verantwortung befähigen soll;
2) Religiöses Ausdruckverhalten, das die bewusste Über-nahme religiöser Rollen ermöglichen soll;
3) Religiöse Inhaltlichkeit, der eine religiöse Bildung entspricht;
4) Religiöse Kommunikation, die eine religiöse Sprachfähig-keit fördern soll;
5) Religiöse Lebensgestaltung, die in die Entfaltung eines religiös motivierten Ethos münden soll.[6]

Er räumt gleich ein, auch dieses Modell sei „erst in groben Zügen entwickelt und erprobt", es erlaube aber eine „klarere religionspädagogische Diagnostik und den gezielteren Einsatz religionspädagogischer Hilfen".

Dem ist zuzustimmen, wenn auch positiver ins Auge fällt, dass mit diesen fünf Dimensionen ein formaler Beschreibungsrahmen gegeben ist, der eine überblickende Zuordnung möglich macht, aber jede inhaltliche Füllung erst einmal offenhält und so in ihrem Eigenwert gelten lässt.
Das kommt besonders gegenüber den sich indifferent oder gar atheistisch verstehenden Schülern zum Tragen, deren Einstellungen und Argumente zu existentiellen Fragen oft von hoher Feinfühligkeit und Aufrichtigkeit gekennzeichnet sind und eine gemeinsame Auseinandersetzung entscheidend befruchten können.

Stellt man einmal die theoretischen Überlegungen zur Religiosität ganz ungeniert neben das, was man täglich im Religionsunterricht und anderswo mit (nicht nur) jungen Menschen erleben kann, fällt sogleich eine folgenschwere religionspädagogische Weg-Gabelung auf: Entweder gehen wir von einem mehr zielbestimmten, idealtypischen Verständnis von Religiosität aus und beschreiten einen entsprechenden methodischen Weg in dieser Richtung, oder wir gehen von der vorfindlichen Gestalt der Religiosität bei den Jugendlichen aus, versuchen auf sie zu hören, die Grammatik *ihres* Lebens und Glaubens zu verstehen und darin die Kristallisationspunkte *ihrer* spezifischen Religiosität zu entdecken.

Hans Schmid hat bei seiner empirischen Studie mit Berufsschülern immer wieder ein „existentielles Fragen" entdecken können, das nicht unbedingt einer „theologischen Klärung" von außen bedarf. „Es ist eine Religiosität, in der die Jugendlichen selbst eine Art Gotteslehre, eine 'Theologie' entwickeln, bzw. in der eine vermutlich alltagsweltlich lebendige und tradierte Theologie, auf die sie zurückgreifen und die sie gestalten, enthalten ist."[7]

Auch er verwendet einen mehr formalen Begriff von Religiosität, der erst noch durch die inhaltlichen Bestimmungen seitens der Schüler zu füllen bleibt. Dabei erscheint Religiosität „als die Art und Weise, wie die Menschen mit Glaube, Kirche, Religion, Gebet usw., kurz mit den religiös-kirchlichen Tatbeständen, Phänomenen und Verhaltensweisen ihres Alltags umgehen".[8]

Das geschieht heute auf recht weltliche Art, die jeden metaphysischen Ballast abgeworfen hat. Als Beispiel dafür kann ein Befund aus der Barz-Studie gelten, wo dem jugendlichen Glücks- und Sinnverständnis nachgespürt wurde[9]:
Als Säulen des individuellen Glücks zeigten sich dort
- Bewährte Freundschaft
- Geborgenheit in der Partnerbeziehung/Familie
- Gehobener Lebensstandard
- Freiheit und Selbstkongruenz
- Zufriedenheit im Beruf und
- Gesundheit.

Barz resümiert, es gebe für diese Jugendlichen keinen übergeordneten Sinn mehr, jegliche Transzendenz sei verlorengegangen, für die Beantwortung der Sinnfrage belanglos geworden. Es gebe nur noch einen innerweltlichen und individuellen Lebenssinn, der von Selbstverwirklichung und aktuellem Lebensgenuss bestimmt werde.

Von „verlorener Transzendenz" in der jugendlichen Lebenswelt zu sprechen ist aber in sich schon verräterisch und verstellt außerdem den Blick für mögliche andere Interpretationen. Das Auge, das solche Sachlage nur vermissend und ängstlich-bedauernd wahrnimmt, sieht nicht weit genug. Manche Brille muss scheinbar erst verlorengehen, damit ein neues Sehen möglich wird.

Was sich hier zeigt und nun schon seit Jahren vollzieht, ist eine Art „Ortsverschiebung" der Religiosität. Sie hat ihren „Ort" faktisch nicht mehr in den traditionellen Formen, nicht mehr im kultisch-sakramentalen Bereich der Kirchen, sondern ist diesseitiger, welthaltiger geworden. Nicht mehr die Lehre ist von primärem Interesse als vielmehr die Lebenspraxis. Fragestellungen, Sehnsüchte und Bedürfnisse existentieller Art bleiben jedoch auch bei den heutigen Jugendlichen mit denen früherer Generationen vergleichbar, da auch sie den gleichbleibenden fundamentalen Lebenserfahrungen ausgesetzt sind: Freundschaft, Liebe, Tod, Versagen, Schuld, Krankheit usw.

Das erfordert im Religionsunterricht nicht nur eine von aller gelehrten Theologie weit entfernte Sprache, die von den jungen Leuten verstanden werden kann und zu deren Sich-selber-Verstehen beiträgt.
Möglich ist, so Hubertus Halbfas, überhaupt nur noch „ein konsequent anthropologischer Ansatz, der nicht etwa zu einer 'zweiten (theologischen) Ebene' in Parallele gestellt wird, sondern der ... in seiner Tiefe erschlossen wird, etwa im Sinne des Eckhartschen Satzes: 'Der Wein Gottes ist immer schon im Keller'".[10]

Nicht ein Hinführen zu etwas, was im alltäglichen Leben sonst ohnehin keinen „Sitz" hat, vielmehr ein vertiefendes Entdecken des dort unscheinbar schon Stattfindenden ist angesagt. Das Vermitteln einer religiösen Dimension bedeutet ein *Mehr-Sehen* lehren, ein sensibel machen für das gar nicht so Selbstverständliche in einem 24-Stunden-Tag, für das, was das Leben kleingedruckt zwischen den Zeilen schreibt.

Die wohl ursprünglichste menschliche Daseinsbedingung, die religionspädagogisch aufzugreifen und zu reflektieren sich anbietet, ist die der *Beziehung*. Ohne sie ist Leben nicht vorstellbar. Sie bildet gleichsam das Webmuster des Lebens.
Von Anfang an ist die Beziehung eines Menschen – zu sich selbst, den Mitmenschen und allen anderen Wirklichkeiten (und darin letztlich zu Gott) – der Indikator eines gelingenden und sinnerfüllten Lebens. Was könnte daher wichtiger sein, fragt Wolfgang G. Esser, „als die eigene Beziehungsfähigkeit so weit wie möglich zu entwickeln, zu verwirklichen?

Vom Grad meiner und unserer Beziehungsfähigkeit hängt das Maß der Menschlichkeit ab, im kleinen wie im großen Lebensumfeld".[11]

Der gesamte biblische Glaube basiert auf dieser zentralen Bedingung des Menschseins, nämlich der wechselvollen Beziehungsgeschichte zwischen Gott und den Menschen. In der prophetischen Tradition des Alten Testaments ebenso wie in den Jesus-Geschichten des Neuen Testaments geht es um gerechte und heilsame Beziehungen bzw. um deren Wieder-Entdeckung und Entfaltung. Allein aus solchen Beziehungen besteht wirkliches Leben, wie die Bibel es meint. Der Tod ist schlechthin die Beziehungs*losigkeit*.

Deshalb hat es auch die Religionspädagogik, so Esser, „wenn sie für den Menschen da sein und seinem Glauben an sein Heil und seinen Lebenssinn dienen will, nicht in erster Linie mit Religion oder Lehre, sondern mit der oft auch von ihr unbeachteten Seele des einzelnen Menschen zu tun, der unruhig wie das Herz sich sehnt nach Heil und Lebenssinn. Seinen Glauben daran in Bewegung zu halten oder wieder in Bewegung zu bringen, ist ihre erste, für die Seele sorgende Aufgabe, damit nicht der Tod eintritt, bevor er für die 'Fülle des Lebens' ganz geboren wurde. Nur so kann verhindert werden, dass der einzelne Religion als etwas ihm Fremdes missversteht, das ihm übergestülpt wird. Eine dem Menschen nicht entfremdete, vielmehr mit seiner fundamentalen Religiosität lebendig verbundene Religiosität bringt ja nichts an ihn heran, was er nicht schon in sich selbst entdecken, aber doch beleben, wachsen und erwachsen werden lassen könnte".[12]

In dieser sicher zutreffenden Umschreibung könnte allerdings immer noch der Eindruck entstehen, es sei noch ungebrochen an eine spezifisch christliche Religiosität im kirchlichen Kontext gedacht. Das ist inzwischen aber nur noch eine Teilwahrheit.

Das religiöse Bedürfnis vieler Zeitgenossen ist in den letzten Jahrzehnten aus den Kirchen ausgewandert, hat sich den lockenden Angeboten ungezählter Sektengruppen zugewandt, sich in der bunten Esoterik-Szene getummelt, sich unter dem Dach einer mehr unverbindlichen „Zivilreligion" eingerichtet oder sieht die eigenen religiösen Bedürfnisse durch das Medium Sport oder Fernsehen genügend befriedigt.

Gerade das Fernsehen hat zunehmend eine „religions-produktive Tendenz" entwickelt, seine Funktion als Sinnagentur, Welterklärer und Geschichtenerzähler der Moderne in dem Maße ausgebaut als dieses Feld in kirchlicher Richtung nicht mehr nachgefragt wurde. „Spielfilme mit moralischen Happy-Endings, Kontingenzbewältigungspraxis oder Alltagsbegleitung per Serie, Weltendeutung durch politische Kommentatoren ... oder Glaubensstreite in Talk-Shows und pastorale Gespräche in Lebensberatungssendungen: Meinungen, Überzeugungen, Werte, Normen und Glaubensinhalte wurden und werden durch das Medium Fernsehen transportiert."[13]

Nicht wenige TV-Serien sind speziell auf ein jugendliches Publikum zugeschnitten und werden auch von einer Vielzahl regelmäßig gesehen: Akte X, Verbotene Liebe, Gute Zeiten - Schlechte Zeiten, Unter uns, Eine schrecklich nette Familie, Star Trek, Game of Thrones usw.

Dass in diesen erfundenen Filmhandlungen in hohem Maße „religiöse" Themen – aber eben in zeitgemäß säkularer Form – durchgespielt werden, bleibt im (Unterrichts-)Gespräch oft erst einmal hervorzuheben. Dann erst kann weiter erörtert werden, welche Lösungen oder Angebote durch das Medium präsentiert werden, welche Norm- und Wertaspekte hier überhaupt zur Diskussion stehen und welche anderen Perspektiven dazu vielleicht noch das Medium Bibel bzw. die philosophische und theologische Tradition bereithält. Da gäbe es durchaus erstaunliche Entdeckungen zu machen und Parallelitäten aufzu-zeigen.

Wenn nämlich, wie unterstellt, jeder Mensch auf irgendeine Weise auch immer ein „homo religiosus" ist, dann wechselt dieser Wesenszug lediglich seine Erscheinungsformen. Die Religionspädagogen werden deshalb mehr zu Detektiven, die den je aktuellen Gestalten von Religiosität nachspüren um sie für die pädagogische Arbeit wenigstens ansatzweise greifbar machen zu können.

Anmerkungen:

1) J. Heyer, Art. "Religiosität", in: A. Lissner u.a. (Hg.), Frauenlexikon, Freiburg 1988, 939-946, 941
2) Ebd., 944
3) B. Grom, Religionspädagogische Psychologie, Düsseldorf/Göttingen 1981, 16
4) Ebd., 40
5) U. Hemel, Religionspädagogik im Kontext von Theologie und Kirche, Düsseldorf 1986, 58
6) Ebd., 70. Vgl. auch Hemel, Religiöse Kompetenz als Ziel und Ausgangspunkt des Religionsunterrichtes an Berufsbildenden Schulen, in: rabs Heft 1-2/1992, 12-19
7) H. Schmid, Religiosität der Schüler und Religionsunterricht, Bad Heilbrunn 1989, 228. In jüngerer Zeit: Klaus Kießling: Zur eignen Stimme finden, Ostfildern 2004 sowie Marc Fachinger: „Sie sind doch schon fest intrigiert!", Münster 2015
8) Schmid, Ebd., 229f
9) Vgl. H. Barz, Postmoderne Religion (Jugend und Religion 2), Opladen 1992, 88
10) H. Halbfas, Wer sind unsere Schülerinnen und Schüler? Wie religiös sind sie?, in: KatBl 116 (1991), 744-753, 750
11) W. G. Esser, Gott reift in uns, München 1991, 9f
12) Ebd., 276f
13) P. Kottlorz, Das Fernsehen im Hinblick auf die Bestandsaufnahme unserer Gesellschaft, in: E. Bieger u.a. (Hg.), Zeitgeistlich. Religion und Fernsehen in den neunziger Jahren, Kath. Institut für Medieninformation, Köln 1994 (2. Aufl.), 17-21,20. Vgl. auch A. Schilson, Geheimnislose Wirklichkeit?, in: J. Herten u.a. (Hg.), Vergegenwärtigung. Sakramentale Dimensionen des Lebens, Würzburg 1997, 21-48

5. Was Jugendliche glauben...

...ist natürlich nicht so einfach zu sagen. Denn es gibt weder pauschal *die* Jugend, sondern nur eine Vielzahl von jungen Menschen, die genauso gleichförmig und genauso verschieden sind wie die sogenannten Erwachsenen. Zum anderen haben sie natürlich auch keinen gleichlautenden religiösen Glauben, wenigstens nicht im herkömmlichen Sinne. Was jedoch, quasi als verbindendes Element, bei der Mehrheit von ihnen wahrgenommen werden kann, ist eine bewusst kritische bis ablehnende Haltung gegenüber den etablierten Erscheinungsformen der Religion.

Das trifft in erster Linie die großen Kirchen, deren althergebrachte Riten und Symbole nicht verstanden werden, deren hierarchische Strukturen als überholt angesehen werden und deren gesellschaftliche Bedeutung grundlegend in Frage gestellt werden. „Ich glaub nix und mir fehlt nix" - so ist nicht selten zu hören. Zugegeben: zwischen 15 und 25 ist anderes angesagt, als sich ausgerechnet über (vermeintlich) religiöse Fragen den Kopf zu zerbrechen. Das ist ganz normal. Wenn allerdings die „reiferen Jahrgänge" nun über die „religionslose" Jugend schimpfen und nur noch einen bedauerlichen Verlust von Werten und Traditionen beklagen, dann mögen sie teilweise im Recht sein, haben aber doch nicht richtig hingesehen und hingehört. Jedenfalls sind die Jugendlichen der letzten Jahre keineswegs unreligiöser als frühere Generationen. Treffender wäre wohl zu sagen: Formen und Inhalte der Religiosität haben sich in den letzten Jahrzehnten radikal verändert. Und das nicht nur bei jungen Leuten! Sie spiegeln vielmehr nur den Zustand und die Trends unserer Gesellschaft wieder. Auch sie haben ihre „religiösen" Symbole, Rituale und Anschauungen. Man muss nur genau genug hören und sehen.

Jugendliche fragen heute weniger nach den Feinheiten der überlieferten Glaubensinhalte, sie wollen ganz einfach und unverblümt gezeigt bekommen, wozu Religion überhaupt taugt: Was nützt der Glaube? - Jede katechismusartige Antwort darauf verbietet sich hier. Die Frage ist nämlich nicht intellektuell gemeint, sondern lebenspraktisch.

Entsprechend sollte auch eine Antwort ausfallen. Wer jungen Menschen heute religiöse Perspektiven vermitteln will, sollte sie vor allem auch als fragende Gesprächspartner ernst nehmen.

Das bedeutet, ihre Fragen zu den eigenen zu machen und redlich zur Sprache zu bringen, welche Antworten man selbst herausgefunden hat bzw. welche sich als tragfähig erwiesen haben.

Nicht das früher einmal theoretisch Gelernte steht da zur Debatte, eher die tatsächliche Lebenspraxis. Denn entweder lässt sich das, was Religion und Glaube meinen, genau dort aufspüren, oder es bleibt ein aufgeblasenes Spiel um Ideen und Begriffe - aber ohne Bezug zur Wirklichkeit. Tatsache ist: der christliche Glaube, um den es hier geht, ist eine Lebenshaltung, keine Sammlung dogmatischer Sätze, die man gehorsam für wahr zu halten hätte.

Der eigentliche Ort des Glaubens ist folglich unser ganz normaler Alltag mit seiner Vielfalt von Problemen und Herausforderungen. Das gilt für Junge wie Alte gleichermaßen. Und wer noch zu staunen und zu fragen weiß, wer noch über den Tellerrand des täglichen Müssens und Dürfens hinauszublicken wagt, der steht bald vor den fundamentalen Fragezeichen des Lebens: Woher? Wohin? Wozu?

Jedem Menschen bleibt erstmal nur die Suche, ein Leben lang. Mancher aber gibt unterwegs auf, richtet sich ein, setzt sich fest - und vergisst alle beunruhigenden Fragen. Die Jugendlichen jedoch fragen noch. Zum Glück. Sie suchen noch nach einem Leben, das diesen Namen auch verdient.

Hier fängt dann vielleicht ein Gespräch an über das, was uns wirklich wichtig ist, wofür wir uns einsetzen, wovon wir träumen - eben woran wir glauben. Dann gehen wir schon auf der Straße, die Religion heißt. Es kann ein spannender Dialog sein. Für alle.

6. Glaube vermitteln?

In einem früheren Buch[1] zitierte ich eine Szene, die das scheinbare Vermittlungs-Dilemma in aller Schärfe auf den Punkt bringt.
Ein Religionslehrer wurde von den Schülern gefragt, warum er denn jeden Sonntag zur Kirche gehe. Er antwortete, dass er das brauche, worauf ihm ein schallendes Gelächter der Klasse entgegenschlug. Unbeirrt gab er jedoch die Anfrage an einen Schüler zurück und wollte wissen, was dieser denn brauche. Selbstbewusst zeigte der junge Mann auf seine Brusttasche und sagte voller Überzeugung: „Zigaretten!".

Gegensätzlicher können zwei sich begegnende Glaubens-bekenntnisse wohl nicht ausfallen. Was dem einen der Gottesdienst, das leistet dem anderen der Tabak.. Darin aber gleich eine Patt-Situation zu sehen wäre voreilig, denn beide haben einiges gemeinsam.
Das kirchliche Ritual bietet dem einen das religiöse Gemeinschaftserlebnis, vermittelt ihm emotionalen bzw. moralischen Halt und Geborgenheit, eine Sinngebung sowie eine weltanschauliche Orientierung.

Nicht wesentlich anders liegt die Sache bei dem jungen Zigaretten-Fan. Die wiederholten „Rauchopfer" sind der demonstrative Ausdruck seiner aktuellen Orientierung und Befindlichkeit, seiner Art von Religiosität. Denn die von ihm so geschätzten Zigaretten verkörpern für ihn schließlich mehr als nur ein willkommenes Konsumgut. Sie be-deuten ihm etwas, geben ihm nicht nur einen emotionalen Halt, sie „bringen" ihm auch ein ganz unmittelbares Gefühl von Sicherheit und Schutz in Momenten der Belastung, der Langeweile, der Einsamkeit usw. Zudem ist das Rauchen ein verbindendes Element unter Gleichgesinnten, so etwas wie ein gemeinsames Credo und vermag in seiner rituellen Wiederholung einer inneren Verfasstheit die entsprechende Äußerlichkeit, das stimmige „Ambiente" zu verleihen. Und nicht zuletzt sind die Zigaretten allerorts und ständig verfügbar, leicht erschwinglich, problemlos zu handhaben und stellen keinerlei Ansprüche.

Die angedeutete Symbolkraft von Gegenstand und Ritus sollte also nicht unterschätzt werden, da sie mehrfache Brückenschläge zur herkömmlichen kirchlichen Liturgie erlaubt.

Dass der junge Mann seine Zigaretten so voller Überzeugung dem Glaubensbekenntnis des Lehrers entgegenstellt und dessen Religiosität einfach nur zum Abwinken lächerlich findet, hat gewiss seine Vorgeschichte.

Seine Erfahrungen mit dem kirchlichen Glauben waren vermutlich so entfremdend, so demotivierend, dass er vielleicht aus gutem Grund von dieser lebensfernen Überwelt-Lehre reichlich Abstand genommen hat. Gesucht hat er dort wohl – und tut es noch immer – eine *unmittelbare Erfahrung* von Halt, Sinn und Geborgenheit.

Die vermochte er jedoch in der kirchlich vermittelten Form des Glaubens, so wie sie ihm begegnete, nicht zu finden. Er hat dann andernorts gesucht, in einem Bereich, der inzwischen als religionspädagogisch vernachlässigt erkannt wurde: den Sinnen seines Körpers. Diese Orientierung ist schließlich handfest und unmittelbar.

(Und da alle sinnlichen Genüsse der alten kirchlichen Lehre schon immer irgendwie suspekt waren, schwingt in seinem selbstgewissen Pochen auf die Zigaretten möglicherweise auch ein Stück Provokation gegenüber der nicht mehr nachvollziehbaren Kirchlichkeit des Lehrers mit.)

Das „Glaubensbekenntnis" unseres Tabakfreundes reiht sich nahtlos ein in den Kanon vieler seiner Altersgenossen. In der Barz-Studie sind die Antworten auf die Frage nach der Glaubensorientierung wie folgt zusammmen gefasst:[2]

Ich glaube...
- an mich selbst (ich versuche es zumindest)
- an nichts Übernatürliches
- an Gott und Satan, die sich in mir und im Kosmos zeigen

- an die experimentelle Wissenschaft
- an paranormale Phänomene
- an die Wiedergeburt
- dass ich mich von anerzogenem Traditionsballast erst freimachen muss, um zu mir selbst zu finden
- dass alle Religionen zugleich wahr und unwahr sind und sich jeder seine eigene Religion selbst zusammenzimmern muss und darf
- nur, wenn ich was davon habe.

Natürlich reizen diese Aussagen zu Diskussion und Widerspruch. Das ist auch gut so. Doch etwas anderes ist religionspädagogisch viel wichtiger: diese Bekenntnisse als aktuell geltende *Glaubens*positionen bestehen zu lassen. Sie sind ernst zu nehmen, weil sie mehr ausdrücken als die Worte auf den ersten Hinblick verraten.

Jedenfalls belegen diese Bekenntnisse, dass „glauben" ein unleugbarer Wesenszug des Menschen ist, der nicht allein im Zusammenhang theologischer Reflexion oder kirchlicher Definitionen verstanden werden darf. Glaube ist erstmal ein fundamentaler Lebensvollzug. Niemand ist in der Lage, auch nur einen Moment lang darauf zu verzichten:
Jeder glaubt
- vor dem Einschlafen an ein Wiedererwachen am nächsten Morgen,
- dass die Nachrichten im Rundfunk der Wahrheit entsprechen,
- dem Fahrplan an der Haltestelle,
- der Aufschrift auf der Konservendose,
- daran, dass die Mitmenschen einen nicht ständig über den Tisch ziehen wollen,
- unsere Organe auch heute wieder unmerklich ihren selbstverständlichen Dienst tun usw.

Das Aufzählen solcher Glaubensvollzüge lässt sich fast unbegrenzt fortführen. Unser Alltagsleben ist voller Gläubigkeit.

Der Einwand, das habe aber doch mit dem eigentlich religiösen Glauben noch nichts zu tun, trifft nur teilweise zu und übersieht vor allem die parallele Anlage dieses Vollzuges. Denn das bewusste Wahrnehmen dieser alltäglichen Vertrauens-Haltungen kann sehr wohl verdeutlichen, dass der Gottesglaube sich in der Struktur von anderen menschlichen Vertrauensakten nicht wesentlich unterscheidet, sondern lediglich *eine* Art von Vertrauensäußerung neben anderen darstellt.[3]

Natürlich ist damit das Spezifische des christlichen Glaubens damit noch nicht angesprochen. Aber heute lautet die religionspädagogische Aufgabe eher, die fast schon banalen anthropologischen Grundlagen allen religiösen Glaubens aufzuzeigen damit erkennbar wird, wie „normal" die ganze Sache mit der Religion unter dieser Rücksicht ist. Hätte die Vollgestalt des christlichen Credos nicht ihre abgestuften Entsprechungen im sonstigen „beschädigten" Leben, könnte sie nie eine umfassende heilsame Lebensform darstellen. Doch genau das beansprucht der christliche Glaube zu sein.

Wäre es also nicht schon hilfreich, unserem Zigarettenfreund zeigen zu können, was das grundsätzliche Anliegen von Religion ist und schon immer war, und dass das Gemeinte vielleicht unter völlig anderem Namen auch in seinem Leben vorkommt, wie unreflektiert und ansatzhaft es auch sein mag?

Wenn wir Religiosität verstehen als die Art und Weise, wie sich ein Mensch zu der ihm begegnenden Erfahrung einer übersteigenden Dimension der Wirklichkeit verhält[4], dann dürfte unserem jungen Mann dieses „Übersteigende" in vielen Dingen und Abläufen des (seines) Lebens bei einiger Gesprächs-bereitschaft durchaus zu vermitteln sein.
Vielleicht erschließt sich ihm dann stückweise das Ungenügende und Illusionäre der „Haltegriffe", die er bisher bevorzugt oder gar verabsolutiert und weckt (wieder) die Sehnsucht nach dem „ganz Anderen".

Hier zeigt sich, dass es religiöse Erziehung weithin zu tun hat mit dem „Aufdecken und Offenlegen dieser Illusionen und der Demaskierung der sie stützenden Gottheiten ... damit unter solchen Verschleierungen wieder zum Vorschein kommen kann die Wirklichkeit von Mensch und Welt. Religiöser Erziehung geht es darum, dass Menschen sich (wieder) ihrer selbst als gefragte Wesen in einer frag-würdigen Welt bewusst werden, also ihrer eigenen fundamentalen Religiosität, die erst noch zu entwickeln aufgegeben ist".[5]

Ein zentrales Anliegen heutiger Glaubensvermittlung scheint daher zu sein, dem christlichen Glauben in den Augen (nicht nur) der jugendlichen Schüler den Nimbus des Hochintellektuellen und Komplizierten zu nehmen. Erst wenn der Brotkorb unserer Religion in erreichbarer „Höhe" hängt, werden Hände und Herzen auch nach ihm greifen.

Das hat nichts mit falschverstandener Anbiederung an den Zeitgeist (um den Preis des Wesentlichen) zu tun und auch nicht mit einer anthropologischen Einebnung einer doch weit darüber hinausreichenden Theologie. Es geht lediglich um eine zeitgemäße und adressatengerechte *Vermittlungsweise* sowie ein insgesamt menschliches Antlitz des kirchlich vertretenen Glaubens.

Der Frankfurter Jesuit Peter Knauer hat dafür ein passendes Beispiel erlebt, das ihn nachhaltig beeindruckt hat. Er erzählte von einem kleinen Jungen, der auf dem Weg zum Operationssaal von seiner Mutter begleitet wurde. „In der Wartezeit sprachen sie noch miteinander. Der kleine Junge sagte: 'Du, Mutti, der liebe Gott ist doch immer bei mir?'. Dieses schlichte Wort hat mich damals beeindruckt. Denn es fasst auf das einfachste zusammen, worum es im christlichen Glauben geht. Dieser Glaube ist so einfach, dass ein unmündiges Kind ihn aussagen kann. Natürlich kann man über den christlichen Glauben auch umfangreiche Bücher schreiben. Aber man kann damit doch immer nur entfalten, was bereits in dem Wort des Kindes vollständig zusammengefasst ist. Deshalb kann niemand einen höheren Glauben haben als dieses Kind."[6]

Was ihn als Theologen bei dieser Szene nachdenklich machte und ihn fachlich noch viele Jahre beschäftigte, nähert sich der gewachsenen Einsicht der Religionspsychologen über die gestufte Entwicklung des individuellen Glaubens. Jede Lebensphase kennt ihre eigene Religiosität, ihre eigene religiöse Sprache und Theologie, die es in ihrem Eigenwert erst zu entdecken und zu respektieren gilt.[7]

Das befreit von einer lähmenden Fixierung auf eine vermeintlich objektive Gestalt des christlichen Glaubens, der sich im Apostolischen Glaubensbekenntnis, dem Katechismus oder sonstigen von der Kirche vorgetragenen „Wahrheiten" in exklusiver Gültigkeit zeige. Ein solches Verständnis des Glaubens wirkt nicht nur kontraproduktiv in den Köpfen und Herzen der „Gläubigen", es verführt vor allem zu einer höchst destruktiven Pädagogik. Daran haben schon zu viele Generationen leiden müssen.

Im Sinne dieser notwendigen Kurskorrektur in der Glaubensvermittlung hat auch Eugen Biser wiederholt hervorgehoben, das Christentum sei „keine asketische, sondern eine therapeutische Religion; ... keine moralische, sondern eine mystische Religion; ... keine primäre, sondern eine sekundäre Schriftreligion".[8]

In welcher Gesellschaft würden wir heute wohl leben, wenn dies seit Jesus das christliche Selbstverständnis gewesen wäre und sich in der religiösen Erziehung entsprechend ausgeprägt hätte?

Anmerkungen:

1) Vgl. R. Jungnitsch, Glaub doch was du willst. Eine Handvoll Religion für die Erwachsenen von morgen, München 1996, 10-16. Die Szene wurde ursprünglich übermittelt von R. Sauer, Mystik des Alltags. Jugendliche Lebenswelt und Glaube, Freiburg 1990, 15

2) H. Barz, Postmoderne Religion (Jugend und Religion 2), Opladen 1992, 115

3) Vgl. J. Imbach, Kleiner Grundkurs des Glaubens, Düsseldorf 1990, bes. 55ff

4) So G. Baudler, Gott und Frau. Die Geschichte von Gewalt, Sexualität und Religion, München 1991, 47.
Ganz ähnlich formuliert auch R. Lay, Nachkirchliches Christentum, Econ Tb 26462, Düsseldorf 1997, 69: „Religion bezeichnet jede Verehrung eines den Einzelnen Menschen transzendierenden Etwas. Religiös ist ein Mensch, der etwas als real Gegeben annimmt, das größer ist als er selbst."

5) W. G. Esser, Gott reift in uns, München 1991, 19

6) P. Knauer, Unseren Glauben verstehen, Würzburg 1986, 11

7) Vgl. N. Mette, Religionspädagogik, Düsseldorf 1994, 177-194. Für die Zeit der ersten Schuljahre weitere ausgeführt bei F. Oser, Die Entstehung Gottes im Kinde, Zürich 1992; sehr praxisorientiert auch A. A. Bucher, Braucht Mutter Kirche brave Kinder?, München 1997, bes. 32-41

8) E. Biser, Einweisung ins Christentum, Düsseldorf 1997, 92

7. Vergesst „Gott"
Thesenhafte Ausblicke in die religionspädagogische Landschaft, genährt vom Religionsunterricht (RU) in der Berufsschule

These 1:
Der gegenwärtige RU ereignet sich in einem bedenklichen Spannungsverhältnis zwischen fehlgeleiteten Erwartungen der Schüler und einer verunsicherten Rollenidentität der Religionslehrkräfte.

Was mit dem ersteren der beiden Pole gemeint ist, lässt sich vielleicht am besten durch einen schon etwas älteren Witz verdeutlichen:
Ein aufgeweckter Berliner Junge wird in einen katholischen Kindergarten geschickt. Dort gibt die geistliche Schwester eines Tages ein Rätsel auf:»Liebe Kinder, was wird das wohl sein: Es ist braun, hat einen langen buschigen Schwanz und springt im Wald fröhlich von Ast zu Ast?«»Nun, Schwester«, sagt der kleine Berliner,»eigentlich müsste det'n Eichhörnchen sein, aber wie ick den Laden hier kenne, ist es bestimmt das liebe Jesulein.«[1]

Diese Situation wird wohl manchen KollegInnen bekannt vorkommen. Man behandelt irgendein Thema, und sobald die Rede auf religiöse Bezüge kommt, setzt bei den Schülern ein assoziativer Verkettungsmechanismus ein: Religion - das ist Kirche, das ist Papst, das ist der konservative Pfarrer, das sind stupide Gottesdienste, das sind allerlei Verbote, eine antiquierte Moral usw. usw. Nein danke! Auf alles, was mit Religion zu tun hat, wirft die kirchliche Gestalt der christlichen Religion offenbar einen verdüsternden Schatten, der es schwer macht, andere Perspektiven für die Schüler erkenn- und respektierbar zu machen.

So liegt die Sache auch bei dem aufgeweckten Jungen. Denn wie er »den Laden hier« kennt, wird eben nicht das Nahe-liegende, das Alltägliche und Natürliche erwartet, sondern eine dieser eigenartigen und abgehobenen Sprachschablonen, die die Leute in dem Laden eben gern hören wollen.

Die Schwester hatte derartiges jedoch gar nicht im Sinn bei ihrer Frage. Sie hat nichts falsch gemacht, und doch schlägt ihr die Frucht einer jahrhundertelangen kirchlichen Pädagogik unverblümt aus Kindermund entgegen. Sogar in diesem Falle, wo nicht einmal ein vermeintlich religiöses Thema angesprochen wurde.

Ähnliches geschieht auch wiederholt und zunehmend im RU. Was eine gelingende Kommunikation zwischen Lehrern und Schülern erst einmal blockiert oder gar verhindert, sind die meist negativen Vorprägungen: eine nicht mehr stattgefundene religiöse Erziehung, eine selektive Wahrnehmung von Kirche, die völlige Ablehnung jeglicher bevormundenden Autorität u.v.a.m. Natürlich sind das alles schon fast mehr Plattitüden, aber es bleibt wahr, weil es ungezählten KollegInnen tagtäglich begegnet.

Aber dieses geschichtliche und je individuell-biographische Erbe ist nicht nur bei den jugendlichen Schülern wirksam, sondern auch auf der Lehrerseite. Hier mag sich lediglich nach Alter, Geschlecht, Elternhaus, Studienzeit usw. ein differenzierteres Bild ergeben. Aber die Dissonanz bleibt: was man erfahren und erkannt hat in Sachen Glaube, Kirche, Gott usw., was einem selbst wichtig und zu einer wirklichen Lebenshilfe geworden ist, das lässt sich leider in der gewünschten Weise und Intensität so nicht (mehr) an die Schüler vermitteln. Ein ständig neues Suchen und Versuchen von Sprache, Methoden und Ansätzen ist die Folge. Das macht den RU in der Sekundarstufe II, speziell in der Berufsschule, zu einem mühseligen Geschäft.[2]

Hier ist nun schon der zweite Pol in dem genannten Spannungsverhältnis angesprochen. Auch er soll in einem Zitat erhellt und die Problematik damit schon weitergeführt werden.

Es stammt von Paul Tillich (1886-1965) und hat von seiner Trefflichkeit bis heute nichts eingebüßt. In unserem Zusammenhang ist es sicher ein richtungsweisendes Wort für *beide* Seiten:

»Und seht euch dann einen ungebildeten Arbeiter an, der Tag für Tag eine mechanische Arbeit verrichtet und der sich eines Tages die Frage stellt: >Welchen Sinn hat es, dass ich diese Arbeit tue? Was bedeutet sie für mein Leben? Was ist überhaupt der Sinn meines Lebens?< Weil er diese Fragen stellt, ist dieser Mann auf dem Weg zur Tiefe. (...) Die Tiefe des Denkens ist ein Teil der Tiefe des Lebens. Das meiste in unserem Leben bewegt sich auf der Oberfläche. (...) Gehetzt und gejagt verletzen wir unsere Seele durch die Hast, mit der wir uns auf der Oberfläche bewegen, und dann stürzen wir hinweg und lassen unsere misshandelten Seelen allein. Deshalb verfehlen wir unsere Tiefe und unser wahres Leben. (...) Der Name dieser unendlichen Tiefe und dieses unerschöpflichen Grundes alles Seins ist Gott. (...) Und wenn das Wort für euch nicht viel Bedeutung besitzt, so übersetzt es und sprecht von der Tiefe in eurem Leben, vom Ursprung eures Seins, von dem, was euch unbedingt angeht, von dem, was ihr ohne irgendeinen Vorbehalt ernst nehmt. Wenn ihr das tut, werdet ihr vielleicht einiges, was ihr über Gott gelernt habt, vergessen müssen, vielleicht sogar das Wort selbst. Denn wenn ihr erkannt habt, dass Gott Tiefe bedeutet, so wisst ihr viel von ihm.«[3]

Gewinnbringend ist dieser Gedanke, wie gesagt, für Lehrer *und* Schüler. Bei den Jugendlichen lässt er insofern aufhorchen, als hier von Dingen des Alltags ausgegangen wird, die Situationsbeschreibung zumindest teilweise ihrer gesellschaftlichen Beobachtung und ihrem Lebensgefühl entspricht, und zudem wird hier die Befreiung von einer religiösen Pflichtsprache gefördert.

Das alles trifft auch für mich als Religionslehrer zu, wobei aber der letzte Aspekt vielleicht der wichtigste ist. Denn eine solche Redeweise vom Kernpunkt jeglicher Religiosität schafft einen wirklichen Vermittlungs-Spielraum, der sich kreativ nutzen lässt.

Von Religion reden heißt vom Leben reden. Nichts außerdem. Das aber in aller thematischen Breite, gedanklichen Konsequenz und Tiefenschärfe! Genau *das* ist die Eigenart heutigen Religionsunterrichtes. Der Ausgangs- und Bezugspunkt heißt nicht Glaube, sondern Alltag, Leben und Schülersituation. Das ist vor allem für die Religionslehrkraft ein ungewohnter (religions-)pädagogischer Rahmen, da er auf eine solche Lehrsituation nicht vorbereitet wurde (doch dazu später).

Im Blick auf die Mehrzahl der Schülerschaft ist es keineswegs übertrieben, wenn B. Jendorff diagnostiziert: »Jugendliche sind religiös schwerbehinderte Menschen, ihre Elternhäuser stehen in einem zubetonierten Vorfeld der Kirche. Die Wirklichkeit ist für viele nicht mehr durchsichtig für das Mehr-als-das-Vordergründige. Die Fähigkeit, Wirklichkeit auch sakramental begreifen zu können, fällt aus«[4]. Wenn das so ist, erhebt sich nicht nur die grundsätzliche Frage nach einer angemessenen Sprache zur Vermittlung religiöser Perspektiven, sondern darüber hinaus auch die nach einer entsprechenden inhaltlichen Orientierung.

These 2:
Der künftige Religionsunterricht wird sich notwendig von der herkömmlichen akademischen Form von Theologie entfernen müssen, um seiner Aufgabe gerecht werden zu können.

Angesichts der beschriebenen Sachlage von religiöser Vermittlung in der Schule scheint mir dies als Gebot an erster Stelle zu stehen: Weg von einer *theologischen* Sprach-Fixierung des Glaubens! Nicht mehr die Dogmatik sollte Angelpunkt und Richtmaß in der Glaubensweitergabe sein, sondern die Lebens- und darin enthaltene Glaubenspraxis. Das bedeutet etwa im RU, dass ein lebenspraktisches Thema (z.B. Konflikte, Gerechtigkeit, Partnerschaft usw.) auch konsequent in rein „diesseitiger" Sprache erörtert wird.

Es muss überhaupt kein krampfhafter Versuch gemacht werden, den Dingen dieses Lebens einen „religiösen Bezug" abzuringen. Der ist immer schon vorhanden, bloß anders als erwartet oder gelernt. Jedes Thema lässt sich zu einer entsprechenden „Tiefe" hinführen, dass man dann sagen kann: dieses radikale Suchen und Fragen, diese nicht gestillte Sehnsucht in uns - das ist Religion, in diesem Raum spielt sich das ab, was ich Glaube nenne.

Das bleibt (im guten Sinne) vorerst unbestimmt, gibt aber damit die Möglichkeit, dass die jungen Menschen in diesen Freiraum hinein ihr eigenes Fragen formulieren, ihre eigenen Träume und Sehnsüchte, ihre eigene Tiefe erst entdecken und entwickeln können.

Das *ist* dann - ansatzweise, aber in voller Gültigkeit – was jegliche Religion im Menschen eigentlich wachrufen bzw. *wachhalten* möchte: die unauslotbare Tiefe des Lebens, die die Leute in dem „Laden" eben Gott nennen.

Natürlich ist vieles damit noch nicht gesagt, ist noch nicht unbedingt die Mitte des christlichen Glaubens angesprochen. Aber um die kann es heute im gesamten religions-pädagogischen Arbeitsfeld nicht mehr unmittelbar gehen. Menschen, die als „religiös schwerbehindert" angesehen werden müssen (und das sind nicht nur Jugendliche), weil sie in einem (von wem?) „zubetonierten Vorfeld der Kirche" leben, sprechen eben eine andere Sprache als all jene, die zur *Glaubenvermittlung* sich in ihrem Studium (als Ausrüstung für diese Arbeit!) erst die vermeintliche Glaubenssprache zu eigen machen mussten. Diese lebensferne Reflexions- und Begriffssprache ist lediglich noch für Insider die Sprache des Glaubens. Für die Menschen im Vorfeld aber muss die Sprache der Religion auch die eines Vorfeldes sein. Das bedeutet: die fundamentale Basis jeglicher Religiosität ist hier das eigentliche Thema. Nicht mehr, aber auch nicht weniger.

Die Aufgabe des RU besteht, so umschreibt W. Langer völlig zu Recht, „nicht mehr allein in der Vermittlung der kirchlichen Glaubensüberlieferung... Es geht vielmehr zunächst darum, in einer radikal >weltlichen Welt< überhaupt die religiöse Frage als Existential des Menschen bewusst zu machen und offenzuhalten"[5]. Damit qualifiziert sich der RU innerhalb unserer weltanschaulich pluralen Gesellschaft als ein herausragender Ort im „Streit um die Wirklichkeit" (Siller)[6]. Das Verstehen und Vollziehen des RU als hermeneutischen Prozess, dessen Ziel eben in dieser prozesshaften Auseinandersetzung mit den unterschiedlichsten Deutungen des Lebens besteht, steckt sicherlich noch in den Kinderschuhen, sowohl bei den Religionslehrern als auch bei den jugendlichen Schülern (und darüber hinaus). Wer sich aber hinauswagt in das Vorfeld, in diesen anderen Lehr- und Lernprozess, der wird vielleicht nachher mit D. Bonhoeffer sagen können: „Später erfuhr ich und ich erfahre es bis zur Stunde, dass man erst in der vollen Diesseitigkeit des Lebens glauben lernt"[7].

These 3:
Sofern die Theologie künftig als fachliche Bezugswissenschaft der Religionspädagogik ihre inhaltliche Geltung behalten soll, wird sie sich selber grundlegend als religionspädagogisch zu gestalten haben.

Diese Behauptung nährt sich aus eigener und zahlreich gehörter Erfahrung: Nach langen Jahren des Theologiestudiums begann ich meine Lehrtätigkeit an einer Berufsschule. Hier erlebte ich nicht nur den berüchtigten „Praxis-Schock", vielmehr musste ich einsehen, dass ich das meiste von dem, was ich mühevoll gelernt hatte, nun ebenso mühevoll wieder abzustreifen, zu vergessen genötigt war, um wenigstens ein paar Schritte weit in die Welt der Jugendlichen hineinzufinden. So habe ich in den ersten Jahren fast mehr gelernt als gelehrt. Hören und Sehen lernen hieß die Aufgabe (und heißt sie noch), damit ich *meine* Rolle im Prozessgeschehen RU, die faktische Religiosität der Schüler und darin Bedeutung, Chancen und Grenzen meines Faches deutlicher in den Blick bekam. Das Zurückdrängen und Abwerfen des theologischen Ballast-Stoffes gestaltete sich jedoch als höchst aktiver, dialektischer Vorgang, denn es war zugleich ein gründliches Nochmal-Lernen des eigentlich schon Gehabten, nur diesmal aus religionspädagogischer Perspektive. So manches Lehrstück habe ich, so scheint mir, durch dieses umgekrempelte Lernen in seiner religiösen Bedeutung zum ersten Mal wirklich verstanden. War es zuvor gelehrtes Wissen, so wurde es jetzt eine existentielle Einsicht. Kurzum: Die gesamte akademische Ausbildung dient nicht als Vorbereitung für eine fruchtbare Weitergabe des Glaubens. Und darin ist mehr enthalten als die vielbeklagte Differenz zwischen Theorie und Praxis.

Vermutlich hat es noch nie einen derart ausdifferenzierten Stand von intellektueller Reflexion über den Glauben gegeben, aber ganz sicher war auch noch nie ein so großer Teil der Christenheit so entkirchlicht und damit von der allgemeinen Glaubensüberlieferung innerlich und äußerlich so weit entfernt. Der theologische Lehrbetrieb stellt heute überwiegend eine selbstgenügsame Meta-Reflexion dar, als dass er sinngemäß eine auch pädagogisch orientierte Besinnung des faktischen und des biblisch gemeinten Glaubens wäre.
So manchen meiner Hochschullehrer habe ich mir seither zum heilsamen Erleben dieser unheilvollen Distanz einmal in die Berufsschule gewünscht. Ihr Lehren sähe danach anders aus.[8]

Seit den fernen Tagen des 2. Vatikanischen Konzils (1962-1965) hat sich zwar theologisch und religionspädagogisch einiges bewegt, hat sich die Religionspädagogik als eigene Disziplin überhaupt erst konstituiert. Nicht ausreichend geklärt ist bis heute aber der Bezugsrahmen der Religionspädagogik und damit ihr Selbstverständnis. Maßgebliche Bestimmungsversuche der letzten Jahre definieren sie als „Theorie religiöser Vermittlung" (U. Hemel)[9] oder als „Theorie religiöser Lern- und Bildungsprozesse" (R. Englert)[10].

Immer wird sie dabei als (praktisch-)theologische Disziplin verstanden. „Religionspädagogik ist jedoch keine Abbildungs- und Applikationsstätte von Ergebnissen der Bibelwissenschaften oder der Dogmatik beziehungsweise ihrer neuesten Richtungen und Moden, sondern eine eigenständige Disziplin, die einen eigenständigen Gegenstandsbereich wissenschaftlich zu verantworten hat" (A. Stock)[11].

Dieser genuine Gegenstandsbereich ist zwar (ganz formal gesehen) der religiöse Lehr- bzw. Lernprozess, doch wird die Religionspädagogik erst dann ein wirkliches Eigenprofil erlangen, wenn sie erstens sich aus dem dominierenden Schattenfeld der etablierten Schultheologie herausbegibt und die Theologie als *ein* Bezugsfeld neben anderen betrachtet (z.B. der Religionswissenschaft sowie der Human- und Sozialwissenschaften), und zweitens sich als radikale *Praxis*reflexion erweist.

Im Sinne dessen, was oben zu den beiden ersten Thesen gesagt wurde, ließe sich dann mit A. Stock feststellen: „Theologie in diesem wörtlichen Sinn ist Religionspädagogik, insoweit sie dem Rechnung trägt, dass es in der religiösen Erziehung nicht bloß um die Zukunftssicherung der Institution Kirche, um Traditionsvermittlung und ethische Bildung geht, sondern darum, ob und wie die, die nach uns kommen, mit Gott zu tun haben werden"[12]. Das trifft sich gewiss mit den Intentionen Tillichs.

Unsere theologische Tradition - und im Gefolge jeder religionspädagogische und katechetische Ansatz - war bisher von oben nach unten gedacht. Ausgangspunkt war stets die rechte Lehre, nicht aber der Hörer: Heute muss sich das Augenmerk stärker den veränderten Verstehensbedingungen auf Seiten der Hörerschaft zuwenden, wenn noch etwas „ankommen" soll. An der bisherigen Struktur der Theologie haben erst in jüngster Zeit die unterschiedlichen Facetten von Befreiungstheologie als auch die feministische Theologie partiell etwas verändert.

Unaufhaltsam setzt sich jedenfalls die Einsicht durch: Theologie muss von unten kommen![13]. Nochmals religionspädagogisch gewendet heißt das: auch Religionspädagogik - wenn sie ist, was sie sein soll - kann nur „von unten" her definiert werden. Das gilt von der Elementarerziehung bis hin zur Erwachsenenbildung.

Objekt der Religionspädagogik wäre unter dieser Rücksicht der Vermittlungsprozess, das Subjekt sind in erster Linie all die buchstäblich *praktischen* Religionspädagogen, deren tägliches Brot diese Vermittlung ist. Gemeint ist also eine ständige gemeinschaftliche Reflexion der Praktiker dieses Vermittelns, die nicht nur dauerhaft „dem Volk aufs Maul schauen", sondern allein schon *deswegen* wirklich substantiell und praxisrelevant etwas beizutragen hätten.

Eine solch breit angelegte Basisreflexion findet zwar schon ansatzweise statt, doch beschränkt sie sich auf schulartspezifische Arbeitsgemeinschaften und Fortbildungsveranstaltungen, die großenteils aber auch nach dem Bildung-von-oben-Schema verlaufen. Eine wirksame Verknüpfung und Verwertung der reichlich vorhandenen Praxiserfahrungen findet bislang kaum statt. Sie wird aber immer nötiger, je weiter die religiöse „Behinderung", der sogenannte Indifferentismus fortschreitet, damit irgendwann - und nicht nur im Kindergarten - ein Eichhörnchen wieder ein Eichhörnchen sein kann.

Anmerkungen:

1) Der klerikale Witz (hg. von H. Bemman), dtv 1210, München 1977, 2. Aufl.), 105

2) Vgl.»Religionsunterricht. Aktuelle Situation und Entwicklungs-perspektiven« (Arbeitshilfen 73), hg. v. Sekretariat der Deutschen Bischofskonferenz (1989), bes. 91-94 u. 179-191. Zu den Allensbacher Untersuchungen zum RU (1988) vgl. RpB 25/1990

3) P. Tillich, In der Tiefe ist Wahrheit (Religiöse Reden, 1. Folge). Frankfurt 1952 (9. Aufl. 1985), 54 f.

4) B. Jendorff, Religion unterrichten - aber wie?, München 1992. Das bedeutet aber nicht, dass Jugendliche völlig areligiös sind, dass sie keinerlei Glauben haben.

5) W. Langer, Art.»Religionsunterricht«, in: NHThG Bd. 4, 58-67, 64

6) H.P. Siller, Handbuch der Religionsdidaktik, Freiburg 1991, 10

7) D. Bonhoeffer, Widerstand und Ergebung, Gütersloh 1976 (9. Aufl.), GTB 1, 183 (Aufzeichnung v. 21.7.1944)

8) Den Vorwurf praxisfernen Theoretisierens kann man leider auch einem Teil der akademischen Religionspädagogen nicht ersparen. Ohne eigene - und sei sie noch so gering - aktuelle Unterrichtspraxis (möglichst in der Sek. II) vermag eigentlich niemand sich *praxis-relevant* zu Wort zu melden.

9) U. Hemel, Religionspädagogik im Kontext von Theologie und Kirche, Düsseldorf 1986, 39

10) R. Englert, Art.»Wissenschaftstheorie der Religionspädagogik«, in; HRpG Bd. 2, 424-432, 429

11) A. Stock, Wissenschaftstheorie der Religionspädagogik, hier zitiert nach K. Wegenast, Religionspädagogik Bd. 2, Darmstadt 1983, 377-396, 395

12) Ebd. 396

13) So der Titel einer reizvollen Beitragssammlung der Theologin Marie Veit (Wuppertal 1991), darin auch in der hier gemeinten Richtung: »Alltagserfahrungen von Jugendlichen – theologisch interpretiert«, ebd. 20-51 (zuvor in JRP 1, Neunkirchen-Vluyn 1985)

8. Thesen zur Zukunft des Religionsunterrichtes

Die religionspädagogische Reflexion der letzten Jahrzehnte hat zunehmend betont, der schulische RU habe seine vorrangige Aufgabe darin, den Kindern und Jugendlichen unmittelbare Hilfestellungen für die Persönlichkeitsentfaltung zu bieten, denn nur auf dem Boden einer gereiften Persönlichkeit könne eine entsprechend gereifte Religiosität wachsen. Damit wird der RU bildungstheoretisch eingebettet in einen umfassenden Bildungs- und Erziehungsauftrag der öffentlichen Schulen. Das gilt in verschärftem Maße für das berufliche Schulwesen, da hier der gesamte allgemeinbildende Unterricht unter einem ständigen Legitimationsdruck steht, der allein in den unmittelbar berufsspezifischen Unterrichtsfächern einen schulischen Nutzen erblickt.

Diese bildungspragmatischen Kurzsichtigkeiten sind um der „Auszubildenden" willen abzuwehren, da alle wie auch immer orientierten „Verkürzungen" des zugrundeliegenden Menschenbildes zugleich nachhaltige Beschneidungen in der beruflichen Qualifizierung und in der individuellen Lebensqualität darstellen. Darum ist auch an diesem Charakterzug des RU festzuhalten. Dennoch stellt sich die Frage nach einer sachlichen und fachlichen Präzisierung. Von der Identitätsförderung der Jugendlichen reden heißt genauer zu benennen, wie „Identität" verstanden wird und welche spezifischen religionspädagogischen Anteile sich für den RU ausmachen lassen.
In der hier gebotenen Kürze sei dieser Kontext in kurzen Thesen umrissen:

1. Von „Identität" zu sprechen heißt von der begrifflich schwer fassbaren, sich offenbar prozesshaft und plural gestaltenden Form menschlicher Personalität reden. Als Folge dialektischer Vermittlung bleibt sie immer fragmentarisch und unabgeschlossen. Kein Mensch kann als (für sich und andere) völlig transparent und selbstmächtig gelten. Faktisch verfügt jeder über mehrere Identitäten.

2. In der aktuellen Bildungstradition wirkt immer noch das Menschenbild der Aufklärung nach. Dieses Bildungsideal sieht den Menschen als ein autonomes, vernunftgeleitetes und mit sich selbst identisches Subjekt. Sofern jedoch realistischer von einer „multiplen Identität" jedes Einzelnen gesprochen werden muss, kann eine Identitätsbildung im bisherigen Sinne nicht mehr *primäres* Ziel des RU sein.

Entlarvten sich die in der Pädagogik wirksamen Indentitätskonzepte inzwischen mehr als normative und funktional gebrauchte Theorien von Erwachsenen gegenüber einer postmodernen Jugend, so haben sie ihren pädagogischen Orientierungswert im Zeitalter der „Patchwork-Identitäten" endgültig eingebüßt.

3. Eine negative Einschätzung der aktuell beobachtbaren Bastelmentalität in Sachen Identität nimmt deren existentielle Dynamik jedoch nicht ernst. Denn auch dieses Basteln am Ich muss als Arbeit begriffen werden, die ja prinzipiell nicht an ein wirkliches Ende kommt. Der Akt subjektiver Aneignung ist ein produktiver Vorgang, ohne den Identitätsbildung nicht vollziehbar ist. Dies gilt erst recht für eine religiöse Identität, denn schon die etymologische Wurzel von „religio" hebt den Wahlcharakter und die Ausrichtung an grundlegenden Bedürfnissen hervor: *relegere* = sich immer wieder hinwenden, auf etwas Besonderes achten; *religari* = sich binden, gebunden sein; *reeligere* = erneut wählen. Woran binden wir uns? Wovon lassen wir uns binden? Welchen und wessen Versprechen geben wir Gewicht?

4. Der „Zwang zur Subjektivität" zeigt sich doppelgesichtig. Er legt zugleich die sogenannte „Krise neuzeitlicher Subjektivität" offen: Wenn der Einzelne zum Ausgangs- und Angelpunkt aller Identitäts- und Sinngebung wird, führt dies notgedrungen in eine Aporie zwischen Allmachtswahn und Ohnmachtsgefühl.

5. Statt der Fixierung auf die Identität der Heranwachsenden sollte dem RU daran gelegen sein, die Jugendlichen „zu befähigen, sich in der Welt unabhängig von herrschenden

Denkmustern und Sprachspielen orientieren und verständigen zu können" (aus den „Loccumer Thesen").

Allgemeine Zielbestimmung und Bildungsverständnis des RU ist eine „Lebensführungskompetenz" im Kontext postmoderner Pluralität. Gerade die Perspektive einer „multiplen Identität" verlangt die Wahrnehmung von Übergängen und Differenzen, als auch „sich von sich selbst unterscheiden zu können" (Meyer-Blanck). Anzustreben ist die Fähigkeit, andere Menschen (Mitarbeiter, Kunden, Vorgesetzte usw.) ihrerseits in deren Sinn- und Wertorientierungen verstehen zu können. Es geht darin nicht zuletzt um den Respekt (Meyer-Blanck benennt es sogar „Ehrfurcht") vor der Religion der Anderen als Voraussetzung eines gelingenden Miteinanders.

6. Programmatisches Anliegen des RU ist also die Schärfung der Wahrnehmungs- und Deutungskompetenz bezüglich der Mitwelt und der eigenen Existenz. Sein wirklichkeitserschließendes und lebensdienliches Potential erweist er z. B. in der Thematisierung des konstitutiven Wahlzwangs: Ist die Anforderung unumgänglich, dass ich mich als Individuum dauernd selbst rechtfertigen muss? Wie könnte ich mich unter der Perspektive verstehen, dass ich mich nicht mir selbst verdanke? Dem Paradigma der totalen Selbstkonstruktion steht das biblische Modell der Personenwürde im Kontext verantworteter Beziehungen zu Gott und aller geschöpflichen Mitwelt gegenüber. Daraus entfaltet der RU seinen kritisch-konstruktiven Beitrag innerhalb der „Krise der Moderne".
Der Glaube stärkt den „Mut, Unsicherheiten auszuhalten" (Peter L. Berger), statt sich im Relativen absolut absichern zu wollen.

7. Die Absicht des RU ist nicht die „Installation" des christlichen Glaubens; dieser ist bestenfalls in seinen formalen Gestaltungen lehr- und lernbar, nicht jedoch als unmittelbares Ergriffensein vom Anspruch des Unbedingten. Das Angebot des RU ist ein perspektivisches: Was es für die Selbst- und Weltwahrnehmung bedeuten kann, wenn das „Gottesgerücht" (Paul M. Zulehner) zutrifft. In der umfassenden und systematischen Entfaltung

dieser „hypothetischen Deutungs-perspektive" liegt sein diagnostisches und korrektives Potential, das sich auf elementare menschliche Sehnsüchte und Erfahrungen bezieht (Korrelation).

Der RU gewinnt sein Profil durch den kritischen Blick auf die gesellschaftlich real vermittelte Religion. Dies beinhaltet eine kritische Haltung nach allen Seiten, d. h. gegenüber Einseitigkeiten, Ideologisierungen und Fehlformen kirchlich vermittelter Religiosität sowie gegenüber allen pseudoreligiösen und säkularen Lebenspraktiken und Weltdeutungen.
Für den BRU bedeutet das u.a. die je neue Suche nach einer auch berufsfeldbezogenen religiösen Bildung, die sich z. B. nicht in einer kontraproduktiven Gesellschafts- oder Kapitalismuskritik erschöpfen darf. Die anvisierte Lebensführungskompetenz gestaltet sich am Arbeitsplatz als Fähigkeit, auf die Sinn- und Werthaltungen anderer Menschen eingehen zu können bzw. die moralischen Herausforderungen einer gegebenen Situation sowie des eigenen und fremden Handelns zu erfassen. Das setzt die Arbeit an der eigenen Einstellung voraus, macht sie aber nicht zum (unterrichtlichen) Ziel.

8. Der (explizit christliche) Glaube ist zwar nicht Ziel, aber Hintergrund und Ausgangspunkt des RU. Der Glaube bildet. In diesem Ausgangspunkt ist er eben nicht universalistisch ausgelegt, sondern konkret einer empirischen Glaubenstradition zugeordnet. Das ist seine konfessorische Prägung und Identität, die jedoch nicht zu einer konfessionellen Engführung funktionalisiert werden darf. Die Konfessionalität des RU wird auch dann vollgültig gewahrt, wenn sie sich ausschließlich an der lehrenden Person festmacht, da sich in ihr (in Verbindung mit dem kirchlich mitverantworteten Lehrplan) die bestimmte konfessionelle Glaubenstradition konkretisiert.

9. Da der Vollzug von Wertungen menschlich unumgänglich ist, also zur subjektiven Identität konstitutiv dazugehört, kann RU nicht aus einer vermeintlich wertneutralen Perspektive realisiert werden. Hermeneutisch kann es einen quasi wertfreien,

objektiven Standpunkt „außerhalb", der nur neutral informieren will, nicht geben. Ein konkreter Standpunkt und ein inhaltlich orientiertes Bekenntnis ist faktisch nicht zu umgehen, bestenfalls zu verschleiern.

Verfehlt ist zur Legitimierung des RU jedoch auch ein übertriebenes Schielen auf die formal-juristische Absicherung dieses Unterrichtsfaches in der Verfassung.

Die legitime Berufung auf Art. 7,3 GG bedarf zu ihrer Plausibilität des bildungstheoretischen Diskurses.

Ein RU, der sich nicht den zeitgeschichtlichen Herausforderungen aussetzt, um darin je neu seine schulpädagogische und bildungstheoretische Identität zu finden, suspendiert sich selbst von der Möglichkeit – theologisch gesprochen – den „allgemeinen Heilswillen Gottes" (vgl. Titus 2,11 und 1 Petrus 3,15) situationsgemäß vertreten zu können.

10. Die konfessionelle Identität der Religionslehrer/innen besteht in der größtmöglichen Identifikation mit der Glaubenslehre der je eigenen Tradition, der „Sache Gottes", jedoch nicht in einer Totalidentifikation mit der verfassten Kirche.

9. Kampfplatz Religionsunterricht

Der medienwirksame Streit um den Religionsunterricht (RU) vor Jahren in Berlin ist schon fast vergessen, doch bleibt dieses Schulfach bundesweit ein Stein des Anstoßes. Ist es doch das einzige Unterrichtsfach, das die Ehre hat, im Grundgesetz genannt zu werden. Auf Artikel 7,3 des Grundgesetzes berufen sich daher auch gern die beiden großen Kirchen, wenn wieder einmal das Existenzrecht des RU öffentlich in Frage gestellt wird. Die Angriffe vermehren und verstärken sich seit Jahren. Insbesondere der aktuelle Aufwind religionskritischer Stimmen, die im Namen eines angeblich aufklärerischen Denkens allen irrationalen Gotteswahn gerade aus dem Bereich schulischer Bildung verbannen möchten, nährt und verbreitet die Debatte.

Steigende Zahlen der Kirchenaustritte sind ihrerseits ein markantes Signal für den schleichenden Verfall kirchlicher Akzeptanz in der Bevölkerung. Sowohl die Kirchen als auch die einzelnen Lehrkräfte befinden sich zunehmend in einer Verteidigungsposition. Für viele Eltern, Kinder und Jugendliche ist immer weniger nachvollziehbar, warum so eine private Sache wie Religion in der öffentlichen Schule zum Pflichtfach erklärt wird – und vor allem in konfessioneller Trennung. Das sieht nach einem Bildungsprivileg der christlichen Kirchen aus und stößt daher auf Unverständnis und Ablehnung.

Die Fragezeichen werden also drängender: Wozu überhaupt Religionsunterricht? Was wird dort gelehrt? Warum die konfessionelle Teilung statt einem gemeinsamen „christlichen" Unterricht?

Was wäre eigentlich, wenn es in unseren Schulen gar keinen Religionsunterricht gäbe? Nun, es wäre eine gravierende Verarmung geistiger und kultureller Tradition. Ohne hinreichende Grundkenntnisse der jüdisch-christlichen Religionsgeschichte, ihrem Reichtum an Bildern, Motiven, Symbolen, Geschichten und Gestalten, ihren wirkmächtigen Ideen über Menschsein, Freiheit und Würde bleibt die Signatur der

69

abendländischen Kultur und Geschichte schlechthin unverständlich.

Wer niemals Bekanntschaft machen durfte mit den lebensnahen Figuren und Erzählungen der Bibel, wird ratlos stehen vor der Überfülle literarischer und künstlerischer Schätze aus über zweitausend Jahren, die aus diesen Quellen geschöpft haben.

Eine möglichst umfangreiche Vermittlung der kulturellen und religiösen Wurzeln ist nicht nur unverzichtbar zum Verstehen der geschichtlichen Identität Europas, sie ist ebenso notwendig zur Erfüllung des schulischen Bildungs- und Erziehungs-auftrages, wie er in vielen Schulgesetzen festgeschrieben ist. Das wussten wohl auch die Mütter und Väter des Grundgesetztes. Und im hessischen Schulgesetz heißt es beispielsweise: „Die Schulen im Lande Hessen erfüllen….ihren Bildungsauftrag, der auf humanistischer und christlicher Tradition beruht" (Hess. Schulgesetz § 2, Abs. 1); ebenso sollen die Schulen „die Schülerinnen und Schüler befähigen, … die christlichen und humanistischen Traditionen zu erfahren, nach ethischen Grundsätzen zu handeln und religiöse und kulturelle Werte zu achten" (ebd., Abs. 2).

Diesen Auftrag in Allgemeinbildung erfüllt in besonderem Maße der RU, da Fächer wie Deutsch, Sozialkunde oder Geschichte dies weder theoretisch noch praktisch leisten können.

Eine schulische Bildung, die diesen Titel verdient, kann also auf den RU nicht verzichten. Denn wenn Bildung „die Belehrung und authentische Erfahrung ermöglichende Selbstfindung und Selbstbestimmung gegenüber dem Systemcharakter der Gesellschaft" sein soll (Hartmut von Hentig), dann wird klar, dass gerade die Schule nicht einfach nur der Erfüllungsgehilfe arbeitsweltlicher Forderungen und Erwartungen sein darf. Das eigentliche Anliegen von Bildung beinhaltet also einerseits den bewussten und dauerhaften Widerstand gegenüber gesellschaftlicher, politischer, wirtschaftlicher oder sonstiger Vereinnahmung und Verzweckung, andererseits die Förderung einer umfassenden Lebensgestaltungskompetenz.

Und diese sogenannte Lebensgestaltungskompetenz, also eine „Aufklärung" im besten kantischen Sinne als Grundlage einer allseitigen Mündigkeit der heranwachsenden Bürger, verlangt deshalb geradezu nach einem uneingeschränkten Blick auf die Wirklichkeit, in der wir uns alle befinden und uns irgendwie „eingerichtet" haben.

Was also lässt das Leben gelingen? Wovon leben wir wirklich? Was zählt? Worin liegt der Sinn?

Die Antworten darauf scheinen fast verloren gegangen: Es ist das Nutzlose, das Zwecklose, das, was seinen Wert und Sinn in sich selber trägt! Dazu gehören die Elemente des Zwischenmenschlichen: Freundschaft, Liebe, Treue, Vertrauen. Ebenso sind die Kunst und die Religion hier beheimatet. Immer, wenn bei diesen „Dingen des Lebens" ein Zweck oder Nutzen die Oberhand gewinnt, ist deren Kern schon zerstört. Nur wenn das Gemeinte sich ohne diesen egoistischen Würgegriff entfalten darf, ergeben sich Erfahrungen von Glück und Sinn. So verstanden ist Religion „nutzlos" – eben nicht weniger als die Liebe. Aber gerade das ist vielleicht das Wichtigste, was man von ihr sagen kann. Wie kann man jungen Menschen diese Perspektiven ernsthaft vorenthalten wollen? Bekanntlich lebt kein Mensch „vom Brot allein"!

Diese bildungstheoretische Notwendigkeit begründet natürlich noch nicht die konfessionellen Variationen des Faches. Das faktische Nebeneinander von evangelischem, katholischem, jüdischem und (bislang nur sporadisch) islamischem RU hat zuerst mit dem geschichtlichen Werden und dem Bekenntnis-Charakter jeder Religion zu tun. Das zu leugnen oder zu übergehen, hieße der Sache nicht gerecht zu werden. Zudem ist die strikte Trennung in konfessionelle Lerngruppen ohnehin mehr formale Vorgabe als schulische Praxis. Beide christlichen Kirchen betrachten den Unterricht zwar als konfessionell geprägt, jedoch in kooperativer Offenheit. Das bedeutet, dass auch ein Schüler einer anderen Konfession oder Religion (bzw. ein konfessionsloser) laut Eltern- oder Eigenwunsch am katholischen oder evangelischen RU teilnehmen darf. Ein möglicher ökumenischer, d. h. von beiden Kirchen gemeinsam verantworteter Unterricht, wird also in der Praxis quasi schon ansatzweise realisiert. Das gilt primär für die beruflichen Schulen, wo der RU weithin im Klassenverband erteilt wird, also ohne konfessionelle Trennung. Er hat damit vielleicht eine Vorreiterrolle.

Die Konfessionalität bleibt jedoch auch der Schlüssel zu der erforderlichen Authentizität des Faches. Das Authentische des RU ist nämlich erst dann gegeben, wenn die Lehrkraft in der jeweiligen Religion bzw. Konfession „zu Hause" ist, sich damit identifiziert und deshalb *authentisch* ein Bekenntnis vertreten kann.

Ein religionskundliches Konzept auf der Basis vergleichender Religionswissenschaft (statt konfessioneller und ökumenischer Theologie und Religionspädagogik) käme über eine formal-informative Außenperspektive nicht hinaus. Damit bliebe das Authentische der Darstellung und Auseinandersetzung gerade ausgeklammert.

Das gilt auch entsprechend für den erwarteten islamischen RU. Auch hier führt kein Weg an einem konfessionellen Akzent vorbei. Einen „übergreifenden" Islamunterricht kann es bislang ebenso wenig geben wie einen „übergreifenden" christlichen RU, wenn man die gewachsene innere Pluralität einer Religion nicht mutwillig übergehen oder beschneiden will. Ein redliches Konzept kommt nicht ohne konfessionelle Elemente aus. Die vermeintliche Neutralität verfehlt zwangsläufig den Kern der Sache.

Außerdem: Wie für einen „übergreifenden" Religionsunterricht die Ausbildung der Lehrkräfte sowie die Lehrpläne aussehen sollen, wenn dies allein in staatlicher Verantwortung geschieht, statt in der konfessionell-geprägten der jeweiligen Religionsgemeinschaft, bleibt ungeklärt. Die viel beschworene „weltanschauliche Neutralität" des Staates verbietet ihm jedenfalls die inhaltliche Trägerschaft.

Wer darüber hinaus behauptet, im RU gehe es primär darum „Glaubensbekenntnisse einzuüben" oder gar „die religiöse Meinung des Lehrers zu übernehmen", hätte damit vielleicht bis in die 60er Jahre des letzten Jahrhunderts ins Schwarze getroffen. Inzwischen ist die Religionsdidaktik längst darüber hinaus. Ziel ist heute vielmehr eine umfassende religiöse Kompetenz, die den Heranwachsenden hilft, in der weltanschaulichen Pluralität Standpunkte und Lebenskonzepte zu reflektieren, um die eigene Identität verantwortlich entwickeln zu können. Im Mittelpunkt des konfessionellen (!) RU steht also der suchende und fragende Schüler, nicht aber ein kirchliches Credo. Der RU dient schon lange nicht mehr einer konfessionalistischen Rekrutierung der Jugend, sondern der Persönlichkeitsentwicklung der Schüler und realisiert dabei vorrangig den allgemeinen Bildungsauftrag der Schule.

Der faktische RU unserer Tage ist also nicht nur offener, ökumenischer und dialogischer als seine Gegner unterstellen, er hat auch bei Eltern und Schülern einen besseren Ruf als viele meinen. Das belegen entsprechende Erhebungen als auch die geringen Abmeldezahlen. Wer religiös kundige und dialogfähige Bürger möchte, erreicht dies vor allem über einen solchen Unterricht, dessen konfessioneller Ausgangspunkt ehrlich und konsequent bleibt. Ein Dialog ohne definitive Positionen ist nämlich keiner.

Das alles bedeutet natürlich nicht, dass die Kirchen selber nicht stärker und offensiver einen gemeinsam verantworteten RU entwickeln könnten. Fordernde Stimmen dazu gibt es genug. Ebenso konzeptionelle Vorschläge, die etwa einen obligatorischen „Fachbereich Religion" entwerfen, der nicht nur die verschiedenen Konfessionen und Religionen kooperativ integriert, sondern auch die Anliegen der Fächer Ethik und Philosophie.

Jedenfalls hebt eine schulorganisatorische Gemeinsamkeit der verschiedenen Konfessionen deren Daseinsberechtigung und Eigenwert nicht auf. Sie unterstreicht vielmehr die je spezifische Kontur eines Bekenntnisses in selbstbewusster und dialog-bereiter Offenheit, statt sich ängstlich bewahrend abzugrenzen und an den scheinbar sichernden Artikel der Verfassung zu klammern. Die Kirchen würden ihrem ureigenen diakonischen Anliegen im Bereich der Bildung erkennbar mehr dienen, wenn sie die Sache eines gemeinsamen RU von sich aus vorantreiben würden, statt den bildungspolitischen Gestaltungswillen anderer Kräften zu überlassen.

III. Die Praxis des Religionsunterrichtes

1. Von der Idee zur Planung

Für alle Schulformen und Schulstufen liegen Lehrpläne für den Religionsunterricht vor. Dennoch stellt sich die Frage nach einem konkreten Themenplan für die jeweilige Klasse. Lediglich in den Schulformen, die am Ende durch eine Zentralprüfung abgeschlossen werden erübrigt sich das Problem. Dort gibt der Lehrplan den Weg und die Inhalte vor.
Andernfalls steht der Lehrkraft (und den SchülerInnen) etwas mehr Freiraum zur Verfügung. Aus den Vorgaben des Lehrplans kann die Lehrkraft dann entweder eine sinnvolle Auswahl treffen oder gar mit der Klasse zum Schuljahresbeginn nach Interesse eine eigene Themenfolge erarbeiten. In der Regel lassen sich diese Inhalte mühelos mit denen des offiziellen Lehrplans verbinden.

Ist diese Festlegung getroffen, kann die Vorbereitung beginnen. Eine erste Richtung über die zu beachtenden inhaltlichen Akzente geben meist schon die Lehrpläne. Ein Blick in die vorhandenen Unterrichtswerke zeigt nun beispielhaft, wie und mit welchen Impulsen ein Thema behandelt werden kann.
In den letzten Jahren hat die jeweilige Kompetenz-Orientierung zunehmend in die pädagogische und didaktische Konzeption des Unterrichtens Einzug gehalten. Hierbei richtet sich der Blick verstärkt auf das „Ergebnis" des Unterrichts, also welche Fähigkeiten die SchülerInnen dadurch erworben haben sollen. Diese „Out-come"-Perspektive bestimmt folglich das inhaltliche und methodische Vorgehen. Die angezielten Kompetenzen sind sowohl im Lehrplan ausgewiesen als auch in neueren Unterrichtsbüchern (bzw. den Lehrerhandbüchern) eingearbeitet.
Was aber ist eine Kompetenz und wie prägt sie die unterrichtliche Planung und Praxis? Wie sehen diese Kompetenzen für den Religionsunterricht aus? Dazu lässt sich in Kürze das Folgende klarstellen:

Als religiöse Kompetenz gilt ganz generell *die Bereitschaft, der Wille und die Fähigkeit, in Anforderungs-situationen privater, gesellschaftlicher und auch beruflicher Lebensbereiche das eigene Handeln sachgemäß sowie individuell und sozial verantwortlich zu gestalten und dabei die Reich-Gottes-Botschaft Jesu als kritisches Potenzial und als Hoffnungsansage einzubringen.*

(So ausgedrückt im hessischen Rahmenlehrplan für Katholische Religion in der Berufsschule, dem auch die Kompetenz-beschreibungen entlehnt sind.)

Fachdidaktisch wird diese Orientierung durch vier Kompetenz-beschreibungen konkretisiert:

1. Wahrnehmungs- und Deutungskompetenz: Jugendliche konstruieren weithin ihre Lebenswirklichkeit selber mit und erfahren in den verschiedenen Lebensbereichen religiös bedeutsame Aspekte, die als existentielle Herausforderungen wahrgenommen und verstanden werden sollen.

2. Urteils- und Entscheidungskompetenz: Durch gezielte Infragestellungen und eine konstruktive Auseinandersetzung mit unterschiedlichen Lebensentwürfen und Weltanschauungen erlangen Jugendliche einen eigenen reflektierten Standpunkt in religiösen und ethischen Fragen.

3. Verständigungskompetenz: In Auseinandersetzung mit Deutungsmustern der biblischen und theologischen Tradition, die aus der Reich-Gottes-Botschaft Jesu erwachsen, soll der eigene Standpunkt in religiösen und ethischen Fragen verant-wortlich und kompetent im Dialog mit anderen Weltan-schauungen vertreten werden.

4. Gestaltungskompetenz: Durch die angestrebte neue Sicht auf die Lebenswirklichkeit sollen religiös bedeutsame Ausdrucks- und Gestaltungsformen situationsgerecht entwickelt und in die eigene Lebenspraxis integriert werden. (Diese letzte Kompetenzebene entzieht sich jedoch in der Regel einer unterrichtlichen Überprüfung.)

Diese vier Grund-Kompetenzen sind jeweils für den konkreten Themenbereich entsprechend anzupassen.

Wie ein Thema praktisch angegangen werden kann, dazu wollen die folgenden kleinen Skizzen ein wenig Anregung bieten. Es sind bewusst klassisch religiöse Themen gewählt, da sie gerade bei Berufsanfängern als besonders schwierig empfunden werden.

2. Ein paar kleine didaktische Skizzierungen

2.1 Thema: Religion

Worum es geht
Die meisten Jugendlichen sind gegenüber den tradierten Formen von Religion kritisch, gleichgültig oder gar ablehnend eingestellt. Die Kritik richtet sich dabei jedoch vorwiegend gegen die wahrgenommenen Erscheinungsweisen der Religion, also die kirchliche Gestalt.

Diese oft pauschale, wenn auch nicht unberechtigte Kritik gilt es ernst zu nehmen – und (wo angebracht) sogar zu stützen. Trotzdem besteht die Aufgabe darin zu zeigen, dass Religion wesentlich zum Menschsein dazugehört, ja sogar niemand in der Lage ist, dauerhaft ohne irgendeine Form von Weltdeutung und Sinngebung zu leben. Gerade aber, weil Religion ein schillerndes Phänomen ist, bleibt ein genaueres Hinsehen und Unterscheiden unverzichtbar, wenn eine erste Aufhellung erreicht werden soll.

Welcher erste Schritt angemessen ist, hängt gerade bei diesem grundsätzlichen Thema von der konkreten Lerngruppe ab. Der Impuls zu einer Klärung in der Sache sollte auf jeden Fall von den Jugendlichen kommen. Je stärker das aufgetauchte Fragezeichen im Raum steht, desto größer ist die Bereitschaft zu einer klärenden Erkundung.

Die anzustrebenden Kompetenzen könnten so lauten:
1. Erscheinungsformen von Religion und Religiosität erkennen und hinterfragen.
2. Religion(en) als Antworten auf fundamentale Fragen und Erfahrungen des Menschen verstehen.
3. Eigene und fremde Religiosität in ihrer weitreichenden Lebensprägung reflektieren und im respektvollen Dialog das Profil der eigenen Religiosität entwickeln.
4. Die christliche Religion mit der eigenen Lebens- und Weltdeutung bzw. der faktischen Lebenspraxis selbstkritisch konfrontieren.

78

Erste Impulse
Schon eine erste ungefilterte Stichwort-Sammlung zum Begriff „Religion" offenbart die faktische Wissens-, Erfahrungs- und Haltungslage in der Lerngruppe. Den Äußerungen sollten sich erste Begründungsversuche anschließen.
Wo kommt Religion in unserem Alltag vor? Antworten darauf müssten zumindest enthalten: Datum („nach Christi Geburt"), Vornamen (Bibel!), Feste, Feiertage, Kalender, Kirchengebäude, Glockenläuten, Moscheen, Kleidungsformen (Kopftuch, Ordenstrachten), Speisevorschriften, Beschneidungen, Religionsunterricht, Bücher, Werbung, Kunst (Malerei, Skulpturen), Musik, Nachrichten, Beerdigungen, Sekten, Kino usw.
Dieses Spektrum belegt hinreichend die Allgegenwart religiöser Erscheinungsformen. Niemand kann sich dem entziehen, was aber gleichzeitig die Frage nach der Sache selbst aufkommen lässt, als auch nach der eigenen Kompetenz, sachgerecht dabei mitreden zu können.

Im Zentrum des ersten Zugriffs steht die unmittelbare Erfahrung oder Wahrnehmung der SchülerInnen, sei es
- eine aktuelle Medien-Berichterstattung über die Kirchen, den Papst, (fremde) Religionen, Sekten o. ä.
- ein Rückblick auf die eigene Firmung/Konfirmation
- der biografische Rückblick über die (sogenannte) religiöse Erziehung (Rituale, Feste, Feiern usw.)
- die direkte Anfrage nach dem Sinn des Religionsunterrichts
- der „religiöse" Inhalt eines TV- oder Kinofilms, der gerade im Gespräch ist oder ein anderer Impuls, der *unmittelbar* eine inhaltliche Frage-Verbindung herstellt.

Ein *indirekter* Weg führt über existentielle Themen wie Angst, Liebe, Tod, Gerechtigkeit, Glück, Arbeit, Schuld, Zukunft usw., die bei entsprechend intensiver Durchdringung quasi von selbst die „religiöse Dimension" zum Vorschein bringen. Wo dann die Frage nach der „Sache" der Religion gestellt ist, lässt sich z. B.
- ein erstes gemeinsames Brainstorming zum Stichwort Religion durchführen

79

- ein A-B-C der Religion (in Einzel- oder Gruppenarbeit) erstellen (d. h. zu jedem Buchstaben des Alphabetes wird ein zur Sache gehörender Begriff gesucht)
- in verschiedenen Lexika bzw. im Internet zu entsprechenden Stichworten nach Auskünften suchen
- durch Interviews bei Mitschülern, auf der Straße, bei Angehörigen usw. eine ungefilterte und realistische Bestandsaufnahme machen – und weiter analysieren.

Um aufzuzeigen, dass jede Religion Antworten bieten will auf die ganz fundamentalen Fragen der Menschen, lässt sich der folgende Auszug aus einem kirchlichen Dokument nutzen. Für ein Arbeitsblatt lassen sich die Fragen teils vereinfachen, verbunden mit der Frage, welche Antwort man selber darauf geben würde. Das anschließende Gespräch dürfte viel „Stoff" für den weiteren Unterricht aufkeimen lassen.

Wozu haben Menschen Religion?
Die Menschen erwarten von den verschiedenen Religionen Antworten auf die ungelösten Rätsel des menschlichen Daseins, die heute wie von je die Herzen der Menschen im tiefsten bewegen:
1) Was ist der Mensch?
2) Was ist Sinn und Ziel unseres Lebens?
3) Was ist das Gute, was die Sünde?
4) Woher kommt das Leid, und welchen Sinn hat es?
5) Was ist der Weg zum wahren Glück?
6) Was ist der Tod, das Gericht und die Vergeltung nach dem Tode?
7) Und schließlich: Was ist jenes letzte und unsagbare Geheimnis unserer Existenz, aus dem wir kommen und wohin wir gehen (= Gott)?

(Aus dem Dokument des 2.Vatikanischen Konzils (1962-1965) „Nostra Aetate", Nr.1)

2.2 Thema: Glaube

Worum es geht

Der religiöse Glaube steht nicht nur bei jungen Leuten unter dem Verdacht, eine irrationale, teilweise weltfremde oder gar zum Fanatismus neigende Orientierung an alten Traditionen und Texten zu sein. Einem vernünftig denkenden Menschen, der über eine wissenschaftliche Bildung verfüge, könne eine solches Konstrukt über die Wahrheit von Welt und Mensch nicht mehr genügen. Zu vieles in den als „heilig" erklärten Texten, bleibt unverständlich und wirkt antiquiert, jedenfalls nicht mehr tauglich für eine Lebenspraxis im 21. Jahrhundert.

Die Auseinandersetzung mit den zentralen Inhalten der Religion stößt gerade bei Jugendlichen auf eine facettenreiche Skepsis und Kritik. Diese gilt es ernst zu nehmen. Dass es beim Thema Glaube aber gar nicht direkt um Religion gehen muss, sollte ein erster Lernschritt aufzeigen. Glaube liegt unserem alltäglichen Leben näher als viele meinen. Einen Menschen, der gar nichts glaubt, kann es in der Konsequenz letztlich nicht geben.

Ein kleiner provokanter Einstieg in das Thema könnte schon der Satz an der Tafel sein: „Einen ungläubigen Menschen gibt es nicht!". Aus dem höchst wahrscheinlichen Protest einzelner Schüler wird sich eine erste Differenzierung über das Glauben abzeichnen. Ein sich anschließendes Arbeitsblatt vertieft erstmal das Gegenüber von Glauben und Wissen, weist aber auch auf den Alltagsglauben hin.

Die anzustrebenden Kompetenzen könnten so lauten:
1. Die Sprache über Dinge und Personen als eine Mischung von Fakten und Deutungen erkennen und analysieren können sowie Akte des Glaubens darin identifizieren lernen.
2. Die Begrenztheit einer äußerlichen Faktenbeschreibung erkennen und die Unumgänglichkeit des Glaubens im zwischenmenschlichen Bereich bewusst erfassen. Die Option des religiösen Glaubens als umfassende Orientierung zur Weltdeutung und Lebensgestaltung einordnen können.

3. Den religionsbezogenen Glauben als konsequente Weiterführung der alltäglichen Glaubensbereitschaft entdecken und im kommunikativen Miteinander kritisch und konstruktiv gestalten. Sich dabei immer wieder der eigenen faktischen Glaubensentscheidungen bewusst werden.
4. Die eigene (und fremde) Lebenspraxis hinsichtlich des Zueinanders von Wissen und Glauben reflektieren und in die weitere Orientierung des Lebens einbeziehen.

Erste Impulse
Wie selbstverständlich wir im Alltag das Glauben praktizieren, lässt sich auch an ein paar einfachen Sätzen aufzeigen:
Das kleine Arbeitsblatt könnte also so aussehen:

---

1. Herr Lehmann glaubt seinem Arzt, dass das neue Medikament ihm helfen wird.
2. Frau Müller glaubt, dass sie sich die Krankheit im Urlaub geholt hat.
3. Kerstin glaubt, dass ihr Zug pünktlich ankommen wird.
4. Juden, Christen und Muslime glauben an denselben Gott.
5. Kleinkinder glauben immer, dass ihre Eltern die Wahrheit sagen.
6. Julia glaubt fest daran, dass ihr Freund sie liebt.
7. Herr Hartmann glaubt, dass es andere Zivilisationen im Weltall gibt.
8. In allen Religionen glauben die Menschen an ein Weiterleben nach dem Tod.
9. Petra glaubt fest daran, dass ihr Freund sie nicht im Stich lassen wird.
10. Leon glaubte bei der Nachricht an einen Aprilscherz.

Aufgabe: Welche Unterscheidungen in Sachen Glaube lassen diese Sätze erkennen?

Das Ergebnis dieses kleinen sprachlichen Vergleichs sollte nun folgende Differenzierung aufzeigen:

Was bedeutet „glauben" in unserer Alltagssprache?
1. Bereich: Sachliches Wissen
Dieser Glaube
kann ersetzt werden durch objektives Wissen.

2. Bereich: Zwischenmenschliche Beziehungen
3. Bereich: Religion
Für beide Bereiche gilt:
Hier geht es um Personen und ihre
Glaubwürdigkeit.
Dieser Glaube ist nicht ersetzbar!

Fazit: Glaube hat nicht nur mit Religion zu tun.
Wenigstens im Bereich der Beziehungen
kommt niemand am Glauben vorbei!

Als erste Bilanz lässt sich also (per Folie oder Tafel) festhalten:

Das Wort „glauben"
wird in verschiedenen Bedeutungen verwendet:

1. Bedeutung = meinen, annehmen, vermuten, nicht
sicher wissen
Beispiel: „Es wird gleich regnen."

2. Bedeutung = etwas für wahr halten, das objektiv
richtig ist, was ich aber nicht
überprüfen kann
Beispiel: „Der Mount Everest ist 8848
Meter hoch."

83

3. Bedeutung = persönliche Überzeugung von einer
Wahrheit, zu der ich durch Nachdenken
und Erfahrung gelangt bin
Beispiel: „Meine Freundin liebt mich."

Wenn bis hierhin schon hinreichend deutlich geworden ist, dass der Glaube (im weitesten Sinne) eine zutiefst menschliche Angelegenheit ist, die wir alle praktizieren, besteht nun vermutlich mehr Offenheit für ein Gespräch über weiterreichende Inhalte. Dazu kann ein weiteres Arbeitsblatt dienen (ggf. mit Spalten für Ja und Nein oder auch einer weiteren Spalte für die Begründung der je eigenen Entscheidung:

Mal ganz ehrlich...!
Ich glaube, dass ...
1. mein Schicksal vorherbestimmt ist.
2. es sich lohnt, ehrlich zu sein.
3. es wichtig ist, eine Religion zu haben.
4. das Leben eigentlich sinnlos ist.
5. alle Religionen gleich gut sind.
6. das Leben nach dem Tod irgendwie weitergeht.
7. Gott die Welt erschaffen hat.
8. am Ende das Gute siegt.
9. die Sterne Einfluss auf unser Leben haben.
10. die Geschichten der Bibel wahr sind.

2.3 Thema: Gott

Worum es geht

„Von zwei Menschen ohne Gotteserfahrung ist der, welcher ihn leugnet, ihm vielleicht am nächsten."
Simone Weil (1909-1943)

„Wo in einem Menschen die Frage nicht ist, da ist auch nicht die Antwort des Heiligen Geistes."
Hildegard von Bingen (1098-1179)

„Wer nichts von Gott weiß, der weiß auch nichts von sich selber."
Sören Kierkegaard (1813-1855)

Diese drei Zitate belegen allein schon durch ihre zeitliche Herkunft, dass eine angemessene Form der Gottesrede und die Anbahnung einer positiven Gottesbeziehung schon immer ein Problem und eine Herausforderung waren.

Sie markieren zugleich aber auch die religionspädagogischen Knotenpunkte, an denen sich alles vermittelnde Bemühen zu orientieren hätte: Die Einsicht, wie wenig Gott allein durch gescheite Worte nahe zu bringen ist, die Frage und Suche nach ihm eines motivierenden Ursprungs-Impulses bedarf und dass alle *pädagogischen* Versuche letztlich ein stammelndes Fragment bleiben, da Gott sich nicht so einfach aufzeigen, vorführen oder belegen lässt wie irgendein Stück dieser Welt. Behutsamkeit und Bescheidenheit in der Methodik und der Sache sind daher geboten. Alle Macher-Mentalität ist fehl am Platz, denn Gott ist längst schon anwesend, wenn der Missionar kommt.

Selbst wenn heute von einer durchgängigen und konstruktiven religiösen Erziehung und Bildung nicht mehr gesprochen werden kann, so muss doch vorausgesetzt werden, dass die Jugendlichen zu dem Begriff „Gott" dennoch irgendwelche Vorprägungen mitbringen. Sie sind ebenso wenig „neutral" wie es die Eltern, der Pfarrer, der Religionslehrer oder die Katechetin

85

ist. Das gilt es für das gemeinsame Reden von Gott sich und den Dialogpartnern stets vor Augen zu halten.

Die Frage nach Gott spielt im Leben der meisten Jugendlichen meist nur eine geringe Rolle, sie stellt sich oft nur vordergründig-situativ angesichts von Leid und Ungerechtigkeit. Folglich entfaltet der Gottesglaube auch keine lebenspraktischen Konsequenzen und wird auch nicht unter dieser Perspektive betrachtet. Die Fragen nach dem Wesen des Menschen, nach Sinn, Heil und Erlösung bleiben jedoch letztlich ohne religiöse Dimension und ohne den Gottes-Horizont ohne umfassende Antwort.

Der christliche Glaube verankert sich an der Gottesrede und dem Lebenszeugnis des Jesus von Nazareth. In seiner Person ist Gott den Menschen greifbar und heilswirksam nahe gekommen. Dieser Glaube an die „Menschwerdung Gottes" ist das zentrale Credo der Christen und motiviert sie zu einer Lebens- und Weltgestaltung, die der herausfordernden Reich-Gottes-Botschaft Jesu entsprechen will.

Im Unterricht ist also zu klären, dass alle Gottesvorstellungen nicht nur ein bestimmtes Bild von der Welt und dem Menschen beinhalten, sondern stark durch die eigene Biografie sowie durch Erziehung, Kultur und Zeitgeist geprägt sind. Die kritische Analyse bzw. Relativierung verbreiteter Gottesvorstellungen (ihre psychologischen Voraussetzungen und ethischen Auswirkungen) schafft den notwendigen Freiraum, die Frage nach Gott auf dem Hintergrund biblischer Überlieferung und heutiger philosophisch-theologischer Reflexionen neu zu bedenken.

Die anzustrebenden Kompetenzen könnten so lauten:
1. Verschiedene Gottesvorstellungen kennen und kritisch hinterfragen.
2. Antworten auf die Gottesfrage als biografisch und soziokulturell geprägt und als wirksam für das individuelle und gesellschaftliche Leben beschreiben und analysieren.

3. Den christlichen Gottesglauben darstellen können und zu atheistischen Positionen in Beziehung setzen.
4. Eigene Gottesvorstellungen überprüfen und bereit sein, sich den Konsequenzen des Glaubens zu stellen.

Erste Impulse
Methodisch sinnvoll ist (wie immer) eine erste kurze Bestandsaufnahme des Vorwissens und der Einstellungen zum Thema Gottesglaube. Das kann geschehen durch eine Stichwort-Sammlung an der Tafel, der schon knappe Begründungen folgen werden. Fortführend oder alternativ kann die Lerngruppe in die Befürworter und Gegner des Gottesglaubens geteilt werden, die jeweils ihre Argumente auf Plakaten auflisten, anschließend präsentieren und sich mit den Begründungen der anderen Gruppe auseinandersetzen müssen.

Oder dem gemeinsamen Gespräch geht eine Einzelarbeit voraus in Gestalt eines Fragebogens, etwa so:

---

1. Mit dem Wort „Gott" verbinde ich vor allem…;
2. Ich glaube an Gott, weil…;
3. Viele Menschen lehnen den Glauben an Gott ab und begründen das mit…;
4. Worin hat sich seit meiner Kindheit mein Glaube bzw. meine Vorstellung von Gott verändert?

Aus den Antworten zu den Nummern zwei und drei lässt sich wiederum eine Argumentenliste erstellen.

Sachgerecht gehören zur weiteren Erhellung die genauere Betrachtung verbreiteter Gottesvorstellungen (Gottesbilder), das befreiende Abarbeiten an den bekanntesten „Gottesbeweisen", ein Blick in die biblische Rede von Gott sowie die Beiträge heutiger Theologie zu einer verantwortlichen Gottesrede.

Die nachfolgenden Thesen markieren dazu grob die theologische und religionspädagogische Richtung:

Thesen zu einer verantwortlichen Rede von Gott

1. Menschen haben vielfältige Vorstellungen und Bilder von Gott. Diese Vorstellungen werden geprägt durch Erfahrungen, Wünsche, Sehnsüchte, Bedürfnisse, Interessen, Ängste, Hoffnungen usw. Sie werden ebenfalls beeinflusst durch die Erziehung (Eltern, Schule, Kirche), vom Zeitgeist, den Medien, kulturellen Traditionen, Sitten und Gebräuchen.

2. Gottesvorstellungen können (und sollten) sich im Lebenslauf grundlegend verändern. Es gibt auch ein „Erwachsenwerden" der Religiosität!

3. Gottesvorstellungen können eine unmittelbare Auswirkung haben auf das Denken, Fühlen, Wollen und Handeln. Sie können die Persönlichkeitsentfaltung fördern oder behindern.

4. Jegliches Reden von Gott ist daher kritisch zu prüfen, das heißt: es soll heutigen theologischen und religionspädagogischen Anforderungen genügen.

5. Gegenüber Kindern ist es weniger wichtig, möglichst viel von Gott zu sprechen, als ihnen Gott zu zeigen. Das geschieht, indem man die Kinder Liebe, Vertrauen, Geborgenheit, Hoffnung usw. durch die eigene Person erfahren lässt. In diesen Lebensvollzügen drückt sich der Glaube aus.

6. Von Gott kann nicht wie von einer beliebigen „Sache" gesprochen werden. Gott ist kein Teil dieser Welt.

7. Zur Erklärung natürlicher Vorgänge (Wetter, Wachstum, Tod usw.) sollte nicht auf Gott zurückgegriffen werden. Auf Kinderfragen sollte nur mit „Gott" geantwortet werden, wenn man dies auch gegenüber einem Erwachsenen tun würde.

8. Der Gott des christlichen Glaubens ist kein Ordnungshüter und Aufpasser, der uns ständig überwacht. Er sollte daher auch nicht durch entsprechend unbedachte Redewendungen („Der liebe Gott sieht alles!" oder „Die kleinen Sünden bestraft der liebe Gott sofort!") als Erziehungsmittel missbraucht werden.

9. Jegliches Reden von Gott bleibt ein Versuch. Er ist und bleibt ein für Menschen unerklärliches Geheimnis, für Kinder also ebenso wie für Erwachsene. Das sollte gerade gegenüber Kindern und Jugendlichen deutlich gemacht werden.

10. Wenn der (christliche) Glaube von Gott spricht, ist damit eine Wirklichkeit gemeint, die nicht unter die Bedingungen von Raum, Zeit und Materie fällt.

Daher kann es von bzw. über Gott auch
* keine zeitlos-gültige bildliche Vorstellung,
* keinen umfassend-definierenden Begriff,
* keinen unbezweifelbaren und zwingenden Beweis,
* keine menschliche Verfügung bzw. Nutzung im Sinne eigener Interessen und
* keine unmittelbar-sinnliche Wahrnehmung geben.

11. Von Gott kann angemessen nur in Bildern, Vergleichen, Symbolen und Geschichten gesprochen und erzählt werden. Doch alle Versuche dieser Art bleiben relativ, da sie stets gebunden sind an die menschliche Erfahrung, Phantasie und Vorstellungskraft.

12. Die Rede von Gott soll sich im Kontext unserer realen Lebensbedingungen spiegeln und bewähren, das heißt sie soll ihre verändernde und befreiende Kraft im persönlichen wie im politischen Bereich kenntlich machen. Von Gott reden heißt von einem anderen, besseren Leben reden.

13. Von Gott reden heißt vom Ganzen dieser Welt reden, denn die Vorstellungen über den Ursprung des Kosmos, seinen tragenden Grund und sein Ziel sind eng mit der Frage nach Gott verknüpft. Von Gott reden heißt auch, in einer besonderen Weise vom Menschen zu reden, da die Fragen nach unserer Identität und Bestimmung sowie nach einer Verhaltensorientierung untrennbar mit der Frage nach einer letzten tragenden Wirklichkeit verbunden sind.

14. Gott sollte niemals als Urheber menschlichen Leidens dargestellt werden.

15. Der Maßstab jeder christlichen Rede von Gott ist die Lehre und das Leben des Jesus aus Nazareth.

2.4 Thema: Tod

Worum es geht

„Über den Tod zu reden, ist eine der vernünftigsten Arten, um über das Leben zu sprechen." (André Malraux)

Dieser Satz von markiert treffend die didaktische Leitlinie des Themas. Denn die unterrichtliche Behandlung der Frage nach Tod und Jenseits sollte vor allem nicht allein im Bereich der Spekulation verlaufen, sondern die existentielle Seite dieser Urfrage beleuchten und die Schüler somit in eine lebenspraktische Auseinandersetzung mit dem Faktum unserer Endlichkeit führen. Darin erfüllt der Religionsunterricht seine lebensdienliche Funktion. Wenn die SchülerInnen am Schluss den obigen Satz nachvollziehen können, ist schon ein wichtiges Ziel erreicht.

Ein zeitgeistlicher Virus, der sich gerne als Toleranz tarnt, aber eher etwas mit Indifferenz, mangelnder Sensibilität oder gar Denkfaulheit zu tun hat, breitet sich oft gleich zu Anfang lähmend aus. Die Einstellung nämlich, jeder denke oder glaube da eben etwas anderes, und damit basta. Die lautstärksten Vertreter dieser Philosophie der Gleichgültigkeit werden dabei gewiss ihrer eigenen Ansicht den höheren Wahrheitsgrad zumessen, wenigstens für sich selbst. Darin dürfen sie ruhig bestärkt werden. Dass in dieser Sache die Menschen unterschiedlich denken und glauben ist nicht verwunderlich (aufgrund vielerlei Einflüsse), sondern sogar von Vorteil für die Findung einer eigenen Position. Vielfalt schafft Freiräume.

Es mag dann quasi als Umdrehen des Spießes empfunden werden, wenn betont wird, dass in dieser Sache kein Lebender ein definitives Wissen besitzt. Alle Menschen – also auch jeder von uns hier im Klassenraum – befinden sich in der gleichen Ausgangslage: Wir wissen um unsere Endlichkeit, reichen aber mit unseren Erkenntnissen nicht über das Lebensende hinaus. Über das, was im Tod geschieht, können wir nur spekulierend und glaubend reden.

Dazu greifen wir auf eigene Erfahrungen und Überlegungen zurück sowie auf das, was andere Menschen herausgefunden haben und zu welchen Schlüssen sie gelangt sind. Das ist die Knetmasse der Auseinandersetzung. Sie fordert ja geradezu vom Einzelnen eine begründete Stellungnahme. Und wer sich äußert, möchte sich gewiss nicht dem Verdacht oder Vorwurf der Uninformiertheit oder einer ungenügenden Rationalität des eigenen Denkens aussetzen. Also gilt es hinzuhören und nachzudenken, was für einen selbst wirklich vertretbar erscheint. Schließlich sind alle Bekenntnisse zur Sache erst einmal Glaubenssache!

Die anzustrebenden Kompetenzen könnten so lauten:
1. Sterben und Tod als lebensbegleitende Grenzerfahrungen in ihren vielfältigen Formen wahrnehmen und in eine Gesamtdeutung des Lebens einordnen können.
2. Den Tod als existenzielle Herausforderung verstehen und verschiedene Deutungen des Todes in ihren lebenspraktischen Folgen beurteilen können.
3. In Auseinandersetzung mit verschiedenen religiösen Deutungen des Todes die christliche Glaubenstradition in ihrer Eigenart und Unterscheidung angemessen verstehen und darstellen.
4. Die eigene Position über Leben und Tod angesichts neu gewonnener Kenntnisse immer wieder eingehend zu überprüfen.

Erste Impulse
Der Einstieg sollte wiederum das Vorwissen und die mitgebrachten Einstellungen zur Sprache bringen. Das kann mittels zweier Arbeitsschritte gelingen. Beide sind zur persönlichen Beantwortung gedacht. Danach schließt sich das vergleichende Gespräch bzw. die Diskussion an.

Ein erstes Arbeitsblatt will einen möglichst breiten Facettenbogen spannen:

_____

1. Woran denkst du bei dem Wort „Tod"?
2. Was würdest du tun, wenn du nur noch kurze Zeit zu leben hättest?
3. Hast du dich schon einmal mit dem Tod beschäftigt? Wenn ja, was war der Anlass?
4. Was geht dir durch den Kopf, wenn du an deinen eigenen Tod denkst?
5. Welche Formulierungen werden oft in Todesanzeigen verwendet? Welche davon findest du gut, welche unpassend?
6. Welche Rolle spielen Sterben und Tod in unserer Gesellschaft?
7. Ein Kind fragt dich nach der Beerdigung der Großmutter: Wo ist die Oma jetzt? Was würdest du ihm antworten?

Ein zweites Arbeitsblatt fordert zur konkreten Stellungnahme heraus und verlangt danach Austausch und Diskussion:

Mein Standpunkt über Tod und Jenseits

1 Wenn man tot ist, ist man tot. Es kommt nichts mehr danach.
2 Ich kann nicht glauben, dass mit dem Tod alles aus sein soll. Alles in der Natur ist doch ein dauernder Prozess von Werden und Vergehen. Wieso soll das bei uns Menschen anders sein.
3 Es muss nach dem Tod noch irgendetwas kommen, wo die Taten der Menschen beurteilt werden. Die Bösen werden bestraft und die Guten belohnt. Sonst macht das alles keinen Sinn.
4 Menschen sollten ihr Leben leben und keinen Gedanken an den Tod verschwenden. Der kommt früh genug.
5 Mit dem Tod kann die Seele doch nicht verloren gehen. Irgendwo muss diese doch bleiben. Ich glaube an eine Art von Wiedergeburt.
6 Der Glaube an ein Jenseits ist nur ein Wunschdenken.

7 Ich glaube schon, dass es ein Jenseits gibt, sonst könnten wir manche Phänomene (z. B. die Berichte von wiederbelebten Patienten) nicht erklären.

8 Ich denke schon, dass es so etwas wie ein Jenseits geben muss. In allen Religionen und Kulturen gibt es diese Vorstellung. Das kann doch nicht alles falsch sein.

9 Ich weiß nicht so recht was ich glauben soll.

Im Anschluss lassen sich nun die notwendigen Teilaspekte des Themas angehen: Deutungen des Todes in der Philosophie, die Antworten der Religionen, der biblische Glaube an ein Jenseits, die christliche Rede von Auferstehung. Ebenso gehören Bestattungsformen, Trauerrituale, Sterbephasen usw. in diesen Themenrahmen hinein. Er kann auch münden in die Bereiche Sterbehilfe oder Organspende.

Eine Möglichkeit liegt auch stets in der Provokation durch eine vorgegebene Position, die nicht unbeantwortet bleiben kann. Dafür steht der folgende fiktive Dialog:

Eine Wette auf Leben und Tod

A: Ich bin davon überzeugt, dass das Leben mit dem Tod endet. Es gibt kein Jenseits, kein „Leben nach dem Tod".

B: Es ist dein gutes Recht, das zu glauben. Trotzdem macht es Sinn, an ein „Jenseits" zu glauben.

A: Worin soll dieser Sinn bestehen? Schließlich kannst du mir nicht beweisen, dass es ein Weiterleben gibt.

B: Ich will auch gar nichts beweisen. Das geht bei den wichtigen Dingen unseres Lebens sowieso nicht. Freundschaft, Liebe und Treue kann man nicht beweisen. Sie stehen auf einem Fundament aus Vertrauen. Ohne diesen Mut zum Vertrauen gibt es sie nicht. Und so ist es auch mit dem Glauben an ein Jenseits.

A: Wenn ich meinem besten Freund vertraue, dann habe ich es mit einem konkreten Menschen zu tun. Und er hat mir immer wieder gezeigt, dass ich mich auf ihn verlassen kann.

93

B: Aber zu musst zugeben, dass du dafür keine dauerhafte Garantie hast. Auch er könnte dich einmal enttäuschen und dein Vertrauen missbrauchen.

A: Natürlich könnte das passieren. Es gibt keine wasserdichten Garantien im Leben. Für nichts. Deswegen bleibe ich auch ganz nüchtern und realistisch wenn es um den Tod geht. Wir sterben und werden begraben. Feierabend.

B: Es geht doch gar nicht darum, dass wir alle sterben. Das ist eine allgemeine Tatsache, die nicht zu bestreiten ist. Es geht vielmehr darum, was diese Tatsache für unser Leben bedeutet, welche Konsequenzen wir daraus ziehen.

A: Was soll das bedeuten? Hast du etwa ein anderes Leben, nur weil du an ein Jenseits glaubst? Du hast doch gerade bestätigt, dass der Tod auch dein Leben irgendwann beenden wird. Und bis dahin ist das Leben bei allen Menschen ziemlich gleich. Wir alle müssen essen, trinken, schlafen, arbeiten usw. Was soll da also anders sein außer einer bestimmten Idee im Kopf?

B: Aber genau diese „Idee" macht den Unterschied. Ich möchte aber lieber von einem „Glauben" oder einer „Hoffnung" sprechen, das ist treffender. Und eben dieser Glaube macht einen großen und praktischen Unterschied für dein Leben aus. Sollen wir wetten?

A: Wieso wetten? Da gibt es doch nichts zu gewinnen.

B: Du kannst sogar alles gewinnen oder verlieren!

A: Das verstehe ich nicht.

B: Es ist eigentlich ganz einfach. Du musst die Sache einmal vom Ende her betrachten, vom Tod aus, oder sogar vom Jenseits aus.

A: Genau daran glaube ich ja nicht.

B: Du sagst es. Es ist nämlich eine Sache des Glaubens, des Vertrauens. So wie du bei deinem besten Freund quasi mit dir selber eine Wette eingehen musst, dass er dein Vertrauen verdient, obwohl du dafür keine absoluten Sicherheiten hast. So gehst du letztlich mit dem ganzen Leben um. Du setzt darauf, dass deine Überzeugungen der Wahrheit entsprechen. Was in deinem Kopf und in deinem Herzen ist, bestimmt dein Handeln.

94

A: Natürlich, sonst würde ich mir ja selber widersprechen.

B: Siehst du! Aus diesem Grund ist es auch nicht so abwegig, das ganze Leben als ein Spiel zu betrachten, bei dem jeder seinen Wetteinsatz bringt: den eigenen Glauben. Denn jeder lebt so, wie er es selber für richtig hält. Jeder macht seinen Wetteinsatz auf die Wahrheit – in diesem Fall auf die Wahrheit beim Tod.

A: Ich sehe immer noch nicht, was ich da gewinne.

B: Es gibt ja offenbar nur zwei Alternativen. 1. Der Tod ist das endgültige Ende. Wenn das so ist, verschwinden wir alle im Nichts. 2. Es gibt ein Jenseits, in dem wir weiterexistieren. Auf eine der beiden Möglichkeiten müssen wir alle wetten.

A: Und mein Gewinn?

B: Ganz einfach. Wenn du auf die Endlichkeit gesetzt hast und der Tod wirklich das Ende bedeutet, dann hast du zwar Recht gehabt, aber hast trotzdem nichts gewonnen, weil es dich gar nicht mehr gibt. Wenn es aber doch ein Jenseits gibt, dann hast du dein Leben vielleicht völlig falsch gelebt, weil du dachtest, es hätte ja doch alles keine weitere Bedeutung.

A: Und wenn ich also auf ein mögliches Jenseits setze....

B: ...dann hätte sich nachträglich dein Glaube bestätigt. Du wärest nicht verloren und dein Leben wäre nicht vergessen. Also ein deutlicher Gewinn!

A: Und wenn du nun an ein Jenseits glaubst, der Tod aber tatsächlich alles auslöscht, dann hast du auch alles verloren.

B: Richtig, dann hätten wir beide endgültig verloren. Wir wären verschwunden, so als hätte es uns nie gegeben. Und nun zeigt sich der eigentliche Kern der Wette. Es geht nämlich um die grundsätzliche Perspektive unseres Lebens. Mit welcher Hoffnung, welchem Glauben können wir besser leben?

A: Was heißt hier „besser"?

B: Es geht nicht nur um dich, nicht bloß um deinen persönlichen Vorteil. Du bist immer Teil einer Gemeinschaft und trägst mit dazu bei, wie gut oder schlecht das Miteinander funktioniert. Wie lebenswert es in dieser Welt ist, liegt auch mit an dir. Also geht es dabei immer um

„Spielregeln" für dieses Leben und eine Perspektive, die dem Ganzen einen Sinn gibt. Und da ist die Religion mit der Hoffnung darauf, dass nichts verloren geht, immer noch eine motivierende Aussicht. Und wenn Menschen ernsthaft mit dieser Hoffnung leben, dann haben sie genügend Grund, gemeinsam an einem guten Leben für alle zu arbeiten.

A: Aber es bleibt eine Hoffnung.

B: Natürlich eine Hoffnung. Nicht mehr, aber auch nicht weniger. Davon leben wir.

(frei nach der berühmten „Wette" von Blaise Pascal)

2.5 Thema: Weltreligionen

Worum es geht

Jugendliche begegnen fremder Religiosität auf vielfache Weise: Arbeitskollegen, Mitschüler, Medien oder Reisen führen zum Kontakt mit ungewohnten religiösen Praktiken und Weltanschauungen. Ein sachgerechtes Verstehen ist meist nicht gegeben, müsste also erst erworben werden. Bleibende Fremdheit verstärkt Abwehr und Vorurteile, beinhaltet aber oft eine gleichzeitige Faszination, die sich im Unterricht nutzen lässt.

Wenn auch die Schülermotivation für dieses Themenfeld sehr verschieden sein kann, sollte sich die Auseinandersetzung im Rahmen folgender Intentionen bewegen:

Die geschichtliche und lebenspraktische Bedeutung der verschiedenen Religionen kennen.

Das meint einerseits die Kenntnis der äußerlichen Daten jeder Religion, andererseits das mehr ahnende Verstehen ihrer inneren Prägekraft für den Lebensalltag. Als Zugang bieten sich dafür z. B. Texte aus den jeweiligen „Heiligen Schriften" an. Die Auswahl kann sich an einzelnen Themen orientieren z. B.: Gottesvorstellung, Mensch, Mann und Frau, Schöpfung, Lebensregeln, Arbeit usw.

Die Erscheinungsformen der Weltreligionen von ihrer Lehre und ihrem Anliegen her verstehen und erklären können.

Ein Stück weit „in den Schuhen des Anderen gehen" ist hier angesagt. Das mehr informative Gewicht dieser Intention beginnt oder mündet stets in der Einsicht der allseits verbindenden Fragestellungen gegenüber den Rätseln und Abgründen der menschlichen Existenz: „Was ist der Mensch? Was ist Sinn und Ziel unseres Lebens? Was ist das Gute? Was die Sünde? Woher kommt das Leid und welchen Sinn hat es? Was ist der Weg zum wahren Glück? Was ist der Tod, das Gericht und die Vergeltung nach dem Tode? Und schließlich: Was ist jenes letzte und unsagbare Geheimnis unserer Existenz, aus dem wir kommen und wohin wir gehen?" (so das Konzilsdokument NOSTRA AETATE, Nr. 1).

Die Identifizierung der SchülerInnen mit diesen Anfragen an das Leben verstärkt meist die Bereitschaft, sich mit den Antworten der Religionen zu beschäftigen. Erkennbar werden dann die unterschiedlichen Denkweisen und Interessen: die Fragen nach Leid und Erlösung in Hinduismus und Buddhismus, die heilsgeschichtliche Deutung der Zeiten in Judentum, Christentum und Islam, Verbindendes und Trennendes zu Tod, Ethik usw.

Die Betonung der Gemeinsamkeiten ist hier vorrangig, um Toleranz und Dialogbereitschaft zu fördern. Differenzen drängen sich ohnehin von selbst auf.

Christliche Glaubensinhalte und Lebensformen mit denen anderer Religionen vergleichen können.
Die Kenntnisnahme der besonderen Eigenarten und des weltanschaulichen Hintergrundes fremder Religiosität und Lebenspraxis bringt den vergleichenden Blick schon mit sich. Was im Gegenüber dazu bei uns das eigentlich Christliche ist, muss vielfach erst erarbeitet werden, da die meisten SchülerInnen über keine „christliche Identität" (mehr) verfügen. Der Versuch eines Vergleichs wird somit auch zu einem grundlegenden Kennenlernen des christlichen Glaubens und der eigenen kulturellen Wurzeln.

An dieser Stelle haben die kirchlichen Erklärungen zur Ökumene ihren Platz: „Die katholische Kirche lehnt nichts von alledem ab, was in diesen Religionen wahr und heilig ist." Sie ermahnt zu „Gespräch und Zusammenarbeit mit den Bekennern anderer Religionen" sowie dazu, dass alle Christen „jene geistlichen und sittlichen Güter und auch die sozial-kulturellen Werte ... anerkennen, wahren und fördern" (NOSTRA AETATE, Nr. 2).

Fremde religiöse Überzeugungen achten und eigene vertiefen.
Diese Zielperspektive entzieht sich zwar einer unmittelbaren Lernkontrolle, bleibt aber zentrales Anliegen des Unterrichts. Zweifellos lassen sich mehr Respekt und Verständnis und damit eine nachhaltige „Klimaverbesserung" zum „Fremden" bzw. „Verwandten" erreichen.

98

Ein paar Voraussetzungen gilt es zu beachten:
Grundsätzlich scheinen zwei vorausgehende Erkundungen von Vorteil, wenn ein Gespräch über eigene und fremde Religiosität nicht allein ein kognitiver Exkurs bleiben soll:
Zum einen muss ein wenig der Acker bereitet sein über die Sache Religion im Allgemeinen. Wenn die Eigenart religiöser Aussagen und Sichtweisen nicht wenigstens ansatzweise nachvollziehbar geworden ist, muss die angesprochene Vielfalt religiöser Wege zwangsläufig „ort-los" bleiben; ein Verstehen wird wesentlich erschwert, wenn nicht gar unmöglich.
Zum anderen ist ein tiefergehendes Verstehen jeglicher Religiosität abhängig vom Entziffernkönnen religiöser Ausdrucksformen. Wer nicht (wenigstens fragmentarisch) Bilder und Symbole als solche zu sehen und darin eine andere Wirklichkeit wahrzunehmen vermag, dem erschließt sich nichts beim Anblick des Andersartigen.
Letztlich: Die Konturen dieses Themenfeldes haben sich in jüngster Zeit verändert. Nicht mehr allein die klassischen Weltreligionen sind Gegenstand der Erörterung. Inzwischen sind auch manche neuen (pseudo)religiösen Bewegungen und Strömungen mit einzubeziehen. Auch darf in diesem Rahmen (religionskritisch) das angesprochen werden, was in unseren Breiten den Rang überlieferter Religiosität ersatzweise angenommen hat wie z.B. Konsumismus, Wohlstand, Leistung, Marktwirtschaft usw.

Die anzustrebenden Kompetenzen könnten so lauten:
1. Die Vielfalt religiöser Bekenntnisse und Lebensformen als gleichberechtigte Ausdrucksformen des Menschseins verstehen.
2. Religionen als geschichtlich gewachsene Antwortmodelle auf die Existenzfragen des Menschen beschreiben.
3. Den christlichen Glauben mit anderen Religionen und Weltanschauungen vergleichen können.
4. Fremde Glaubenswege achten und den eigenen Glauben vertiefen.

Erste Impulse

Ein möglicher Einstieg in das Thema könnte so aussehen: Auf einem Arbeitsblatt werden fünf Felder für die großen Weltreligionen eingezeichnet. Darunter findet sich die folgende Stichwortsammlung:

Bibel / Mekka / Indien / Jerusalem / Thora / Heiliger Fluss / Beten / Jenseitshoffnung / Wiedergeburt / Moses / Erleuchtung / Tibet / Jesus / Arabien / Koran / Veden / Indonesien / Japan / Shiva / Rom / Gandhi / Mohammed / Buddha / Messias / Moschee / Holocaust / Tempel / Gebetsteppich / Heilige / Rosenkranz / Kathedrale / Wallfahrt / Meditation / Rabbi / Taufe / Lehre / Evangelium / Dalai Lama / Brahmanen / Mönche / Gott / Bischöfe / Opfer / Nirvana / Vishnu / Beschneidung / Papst / Allah / Jahwe / Mission / Israel / Lebensregeln / Minarett / Kastenwesen / Pali-Kanon / Schleier / Synagoge

---

(Diese Liste kann beliebig erweitert oder verändert werden.)

Die Aufgabenstellung ist klar: Die Stichwortliste soll auf die einzelnen Religionen verteilt werden (Einzel-, Partner- oder Gruppenarbeit). Dieser Arbeitsschritt hat einen zweifachen Effekt. Erstens ist die Aufgabe relativ leicht zu bewältigen, zweitens ergibt sich visuell (!) schon eine interessante Synopse, mit der weitergearbeitet werden kann. Es bleibt nicht aus, dass Nachfragen zur Sache gestellt werden und sich so ein klärendes Gespräch von selbst entwickelt. Nun lassen sich (z.B. als Tafelbild) die gemeinsamen Elemente herausheben: Heilige Orte, Heilige Schriften, Lebensregeln, Lehre, Beten, Meditation, Jenseitshoffnung usw.

Gerade die Frage nach Tod und Jenseits bietet (als folgender Arbeitsschritt) einen reizvollen inhaltlichen Vergleich an. Ebenso offenbart ein Nebeneinander der Lebensregeln eine unerwartete Übereinstimmung. Besonders die innere Verwandtschaft von Juden, Christen und Muslimen wird hier auffällig und sollte weiterverfolgt werden. Ausbaumöglichkeiten gibt es genug.

3. Religionsunterricht fächerübergreifend

Als Unterrichtsfach ist der Religionsunterricht (RU) eingebettet in den allgemeinen Bildungs- und Erziehungsauftrag der öffentlichen Schulen. Dort nimmt er einen spezifischen Dienst an jungen Menschen wahr: eine umfassende Identitätsförderung und Kompetenzvermittlung. Das meint die grundlegende Auseinandersetzung mit den Gegebenheiten des Lebens, den Fragen nach Zusammenhang, Richtung und Sinn. Die Schule gestaltet sich dabei als herausragender Ort im „Streit um die Wirklichkeit" (Hermann Pius Siller), da hier die Pluralität der Gesellschaft wie nirgends sonst zur Tagesordnung gehört. Der RU ist in diesem Kontext bemüht, die religiöse Dimension der Wirklichkeit aufzuzeigen wie auch die Position des christlichen Glaubens plausibel und nachvollziehbar zu machen. Insofern es keine voraussetzungs- und wertfreie Deutung der Welt gibt, ereignet sich der RU unmittelbar am Nerv jeglicher Bildung. Als Forum organisierten Lehrens und Lernens ist der Schule daran gelegen, die Hinführung junger Menschen zu Sach- und Lebenskompetenz in einer kooperativen Weise zu gestalten.

Fächer mit separierten Bildungsinhalten bestehen zwar zu Recht, bedürfen aber einer ständig neuen pädagogischen Vernetzung und einer letztlich philosophisch ausgerichteten Begründung des Bildungsgesamtziels. Aufgrund der einer jeden religiösen Position eigenen Tiefenstruktur kennzeichnet den RU eine besondere Vielzahl an inhaltlichen Verknüpfungsmöglichkeiten mit anderen Unterrichtsfächern.

Verbindende Themenbereiche des RU:
1. Mit naturwissenschaftlichen Fächern wie Biologie, Chemie und Physik
Wie kaum zuvor sind Jugendliche heute geprägt von unserer wissenschaftlich-technischen Zivilisation. Das beeinflusst Denken, Fühlen und Handeln und schlägt sich in der Sprache nieder, die rationalisiert und funktionalisiert wird. Das daraus gespeiste Bewusstsein von Wirklichkeit bleibt einseitig. So herrscht eine bedenkliche Wissenschaftsgläubigkeit, die naturwissenschaft-

liche Aussagen unkritisch absolut setzt und den Glauben als eine Minderform der Erkenntnis ansieht.
Falsche Kontrastierungen sind die Folge, wie z. B. „7 Tage oder 14 Milliarden Jahre?" in der Frage nach der Entstehung des Kosmos.

Wenn jedoch die erkenntnistheoretischen Eigenheiten von naturwissenschaftlichen und religiösen Aussagen klargestellt sind, wird deutlich, dass Naturwissenschaft Sachkenntnis, der Glaube aber Sinndeutung anstrebt. Aber die aktuellen Problemfelder wie Gentechnik, Kernkraft, Informationstechnologie usw. belegen die Ergänzungsbedürftigkeit der naturwissenschaftlichen Erkenntnis um eine ethisch-religiöse Dimension. Der RU leistet daher einen notwendigen Beitrag zu einem ganzheitlichen Erkennen und einer ganzheitlichen Urteilsbildung. Das Themenspektrum reicht von Aggression und Aids bis zu Tod und Zufall. Den SchülerInnen wird dabei erkennbar, dass diese Themen stets auch eine weltanschauliche Herausforderung darstellen, also die Fragen nach dem Menschenbild und nach tragfähigen Wertmaßstäben in sich tragen. Die Blickrichtungen von Naturwissenschaft und von Theologie als Glaubens-Lehre können aufeinander bezogen, untereinander ins Gespräch gebracht werden, so dass der RU zu einer Seh-Schule werden kann, die hilft, ein bereicherndes „Mehr" wahrzunehmen. Der Glaube erweist sich dabei als existentielle Lebens-Haltung bzw. Lebens-Richtung des Menschen.

2. Mit gesellschaftswissenschaftlichen Fächern wie Geschichte, Sozialkunde, Politik
Diese Fächer scheinen eine größere Affinität zum RU aufzuweisen, da Religion immer auch als sozial-geschichtliches Phänomen vorkommt und durch politische Optionen mit der Gesellschaft in Wechselwirkung steht. Kaum ein geschichtliches Kapitel ist zu behandeln ohne philosophisch-religiösen Kontext.
So steht nicht allein die gesamte Kirchen- und Religionsgeschichte zur Disposition. Auch der Streit um die Institution Kirche, das Verhältnis von Kirche und Staat, die Themen Gewalt, Frieden, soziale Gerechtigkeit, Umwelt und Energie, Berufs- und

Arbeitswelt, Rechte und Pflichten, Mann und Frau, Toleranz usw. sind ohne die je andere (religiöse) Perspektive kaum redlich darzulegen. Hier wird erneut in der Konsequenz sichtbar, wie sehr der Angelpunkt ein bestimmtes Welt- und Menschenbild bleibt, das auf diese Themen hin ausgelegt wird. So setzt an dieser Stelle die kooperative Suche nach sinnstiftenden und zukunftsfähigen Grunddaten eines Gesellschaftsentwurfes ein. Christliche Ethik und Soziallehre haben dazu seit jeher nachhaltig-wirksame Impulse gegeben, die auch auf neue Sachlagen hin interpretierbar bleiben. Vielleicht bilden Menschenrechte und Menschenwürde eine neue interdisziplinäre Mitte.

3. Mit sprachlichen Fächern

Die Sprache ist nicht nur die Basis aller menschlichen Kommunikation als Wirklichkeitsvermittlung, sie bleibt auch das zentrale Medium der Religion, die das „Wort Gottes" aus- und weitersagen will. Dazu dient dem RU die biblische Überlieferung wie auch jede andere Form von Literatur, die auf ihre Weise Erfahrenes deutet und für eigene Erfahrungen sensibilisiert. Offen oder untergründig finden sich religiöse Bezüge in Romanen, Gedichten, Erzählungen, Autobiographien und anderen literarischen Formen. Deren Aufspüren und Einarbeiten in Unterrichtsmaterialien ist nicht neu, aber für den fächerverbindenden Zugriff noch ausbaufähig. Gerade weil Sprache ein wesentliches Medium der Reflexion von Mitteilung ist, verbinden sich die Anliegen von Deutschunterricht und RU: eine grundlegende Sprachlehre zu sein. Dem RU geht es dabei um eine Vertiefung über die mehr umgangstechnische Ebene hinaus. Es lassen sich dazu übergreifende Themen vorstellen wie Fortschrittskritik, Männer- und Frauenbilder, Liebe, Tod, Schuld usw.

In der Vielfalt sprachlichen Ausdrucks soll erkennbar werden, dass religiöse Sprache sich überwiegend der Metapher und des Symbols bedient und in Form von Sprachbildern, Gleichnissen, Mythen, Sagen, Legenden, Märchen usw. ihre „Botschaft" mitteilt. Deren Verständnis bleibt je neu zu lernen.

4. Mit musischen Fächern wie Kunst, Musik

Dass der Begriff „Schule" im Ursprung „Muße" bedeutet, ist in unserer heutigen „programmatischen Mußelosigkeit" (Pieper) der totalen Arbeitswelt ganz und gar unkenntlich geworden; ebenso im heutigen Schulbetrieb. Wieviel an Umkehr ist also verlangt, wollen wir es richtig(er) machen! Der Reichtum des kulturellen Erbes ergibt sich vor allem aus der Fülle dessen, was nicht bloß horizontal auf das Faktische, Machbare und Nützliche ausgerichtet war und ist. Phantasie, Kreativität, Spiel, Tanz, Feier usw. bereicherten von jeher das Leben um wesentliche Aspekte. Die gemeinsame Suche nach den Bedeutungen von Motiven, Bildern, Symbolen und Klängen wurde inzwischen sogar als therapeutisches Mittel entdeckt. Um wieviel mehr gehört davon in die Schule, wenn sie den Jugendlichen nicht wichtige Seiten des Lebens vorenthalten will. Der RU vermag dazu sogar eine Schlüsselstellung einzunehmen, wenn es darum geht, eine dominierende Leistungs- und Macher-Mentalität zu relativieren oder gar zu überwinden.

Was ist nun unter „fächerverbindendem" bzw. „fächerübergreifendem" Unterricht zu verstehen?

In der pädagogischen Diskussion findet sich keine eindeutige Beschreibung der verbindenden Formen von zwei oder mehr Unterrichtsfächern. Die Unterscheidungen von überfachlichem, fächerübergreifendem und fächerverbindendem Lehren und Lernen sind in der Praxis schwer zu halten. Durch die letztere Bezeichnung werden die positiven Intentionen wohl am deutlichsten ausgedrückt.

Was als fächerverbindende Unterrichtsform gelten kann, lässt sich in dreifacher Hinsicht umschreiben:

Thematisch-inhaltliche Aspekte

Viele Lehrinhalte bieten die Gelegenheit zu einem verknüpfenden Lehren und Lernen. Dies zu realisieren entspricht nicht nur zentral dem pädagogischen Auftrag der Schule, es lässt vor allem die Lebensnähe und praktische Relevanz schulischen Lernens hervortreten. Es geht darum, ein Thema bzw. eine Methode aus der Perspektive wenigstens zweier Disziplinen zu betrachten und deren Sichtweisen in Beziehung zueinander zu bringen.

Diese Vorgehensweise ist üblich und vielfach unumgänglich, wenn die Darlegung sach- und adressatengerecht sein soll (z.b. bei „Evolution oder Schöpfung"). Bei diesem Modus findet die Verbindung innerhalb eines Unterrichtsfaches statt und obliegt vorwiegend der einen Fachlehrkraft.

Personenbezogene Aspekte
Anders sieht es aus, wenn der Blick nicht nur auf die Sache, sondern auch auf die beteiligten Personen fällt. Lehrkräfte und SchülerInnen bringen bereits eine Pluralität von Sichtweisen in den Unterricht mit, durch persönliche Vorgaben wie auch durch den Erziehungs-, Bildungs- und Sozialkontext geprägt. Das soll im Unterricht bewusst (gemacht) werden. Im Zusammenspiel mit den im Unterricht neu eingebrachten Informationen und Argumenten ergibt sich ein universeller Korrelationsprozess. Das schafft perspektivischen Zugewinn und stützt sowohl die je eigene Positionsfindung als auch die Fähigkeit, Positionen immer wieder zu hinterfragen, zu relativieren, aufzugeben. In der Praxis geschieht es z. B., dass die SchülerInnen aus dem Politikunterricht kommen, wo gerade über Entwicklungspolitik gesprochen wurde. Was läge näher für den RU, als etwa alternative Lebensformen, Mission, Kirche und Politik oder Frieden zum Thema zu machen. Die Verbindungen ergeben sich dabei durch die Teilnehmer fast von selbst. Auch der Umstand, dass eine Lehrkraft neben dem RU noch ein anderes Fach unterrichtet, vernetzt die Inhalte ansatzhaft in dessen Person selbst.

Organisatorische Aspekte
Wenn die Gelegenheit eines fächerverbindenden Unterrichts nicht nur zufällig bleiben soll, lässt sich dieser Lernprozess auch planen. Das kann die Absprache mit Kollegen und Kolleginnen sein, im je eigenen Fach zu bestimmter Zeit dieses Thema zu bearbeiten und die Inhalte aufeinander abzustimmen. Es kann eine abgesprochene Arbeitsteilung innerhalb der Lerngruppe sein (Referate) oder die Beteiligung von Kollegen und Kolleginnen am eigenen Unterricht. Manchmal kann auch das kollegiale Gespräch zur Sache und ein entsprechender Austausch von Materialien ein solcher Brückenschlag sein.

Die intensivste Form der Fächerverbindung kann im Rahmen eines Projektunterrichtes erreicht werden. Die hierzu veränderten Rahmenbedingungen (Lerngruppe, Methoden, Zeitraum u.a.) schaffen qualitativ neue Verknüpfungen, die sonst kaum zu erzielen sind. Insbesondere für den RU ist die Sprengung des 45-Minuten-Korsetts von besonderem Reiz.

Die Vernetzung der Unterrichtsfächer und -inhalte ist nicht nur ein Imperativ um der Zukunftsfähigkeit der Schule willen, sie ist gerade in den beruflichen Schulen ein existentielles Anliegen der berufsübergreifenden Fächer. Das Interesse dieser Schulform übergeht vielfach diese Lernbereiche zugunsten der berufsbezogenen Fächer und verspielt damit eine weiterreichende fachliche Qualifizierung der SchülerInnen als auch deren gesamtmenschliche Reifung. Ein fächerverbindender Unterricht fördert das Erkennen von Zusammenhängen, das Entdecken anderer Perspektiven, befähigt zum kreativen „Querdenken" und zu größerer Kompetenz und Verantwortung (nicht nur) am Arbeitsplatz. An Grenzen stößt diese Unterrichtsform durch mangelnde Sachkenntnisse der beteiligten Lehrkräfte, fehlende Kooperationsbereitschaft, schulorganisatorische Widerstände oder zu geringe Offenheit und Fähigkeit zu komplexerem Lernen. Auch die Sache selbst kann dem entgegenstehen, denn nicht alle Themen eignen sich dazu. Die Sinnhaftigkeit muss erkundet, aufgesetzte Verknüpfungen sollen vermieden werden. Der RU muss heute ein gesteigertes Interesse an derart kooperativem Unterricht haben, um sich selbst und seine bildungsbezogene Unverzichtbarkeit darzustellen. Ein weiterer Ausbau fächerverbindenden Unterrichts erfordert aber noch mehr Mut zu ungewohnten Lehr- und Lernwegen, die Aufarbeitung vorhandener Defizite in Lehrplänen, Didaktik und Schulorganisation.

IV. Zur Ermutigung:

Eigentlich ganz einfach
Was nötig ist, um Religionslehrer/in zu sein.
Ein „Brief" zur Orientierung von einem „älteren Kollegen"
für Studenten und Berufsanfänger

Liebe junge Kollegin, lieber junger Kollege,
Du hast Dich für einen wunderbaren und anspruchsvollen Beruf
entschieden, bei dem man wirklich noch von einer Berufung im
eigentlichen Sinn sprechen darf. Mit jungen Menschen „über Gott
und die Welt" zu sprechen ist in unseren Tagen sicher kein
üblicher Inhalt mehr in der alltäglichen Kommunikation. Die
meisten Deiner jugendlichen SchülerInnen werden nicht mehr
sonderlich beschlagen sein in Sachen Religion, teils werden sie
sogar ziemlich allergisch reagieren, wenn sie das Fach auf ihrem
Stundenplan registrieren. Sporadische Kenntnisse, unzureichend verdautes Halbwissen und vielerlei klischeehafte
Wahrnehmungen werden Dir in der Klasse begegnen. Das
macht die Sache nicht eben leichter.

Aber was ist eigentlich Deine „Sache"? Worum geht es letztlich
im Religionsunterricht? Und wie lässt sich mit jungen Leuten über
den Glauben, über Gott, Jesus, die Bibel, die Kirche usw. reden,
wenn sie zu alledem ein erkennbar distanziertes Verhältnis
haben? Wie lässt sich also Religion „unterrichten"?
Auf all diese und weitere Fragen kann und will ich an dieser Stelle
gar nicht erklärend eingehen. Das bräuchte wesentlich mehr
Raum, das direkte Gespräch – oder besser noch: die
unmittelbare Begleitung in der schulischen Praxis.

Ich möchte hier vielmehr ein paar Gedanken ausbreiten zu den
drei Grundpfeilern dieses Berufes, die Dich einladen wollen zum
Nachspüren und Weiterdenken. Einsichten aus langjähriger
eigener Erfahrung. Meine Erfahrungen habe ich im Bereich der
Berufsschule sammeln dürfen, aber ich denke, diese
grundlegenden Wahrheiten gelten für jede Lehrkraft dieses

Faches, egal in welcher Schulform, Jahrgangsstufe oder auch Konfession.

Ohne diese drei tragenden Säulen, so scheint mir, lässt sich kein glaubwürdiger und fruchtbarer Religionsunterricht gestalten.

Die **erste Säule** betrifft Deine Grundhaltung gegenüber den Schülern. Wer oder was sind sie für Dich? Wie nimmst Du sie wahr? Wie möchtest Du wahrgenommen werden? Mit welchem Gefühl stehst Du vor ihnen? Welcher Art ist Deine Beziehung zu ihnen aufgrund der vorgegebenen schulischen Rollenverteilung? Welche Beziehung zu ihnen versuchst Du zu erreichen? Wieviel Nähe und Vertrautheit ist gewünscht, wieviel zulässig? usw. Jeder Unterricht ist auch Beziehungsarbeit. Das verlangt Zeit und Geduld.

Entscheidend ist daher der „Hintergrund", auf dem sich dieses Miteinander ereignet, von dem aus Dein Reden und Handeln gefärbt wird. Wer mit jungen Menschen arbeitet, braucht dazu u.a. ein reichliches Maß an Motivation, an Lust und Leidenschaft, an Einfühlungsvermögen und Verstehenwollen, an Nachsicht und Zuneigung. Das gehört alles – grob sortiert – in die Schublade „soziale und pädagogische Kompetenz". Die im engeren Sinne „fachlichen Kompetenzen", die sich eher auf Inhalte, Methoden und Unterrichtstechniken beziehen, sind hier also noch gar nicht im Blick, bleiben aber ohne die entsprechende Grundhaltung formal und seelenlos. Um wieviel mehr muss das gelten, wenn der Bezugsrahmen des Unterrichts der Glaube an die Menschenfreundlichkeit Gottes ist!

Ich möchte das Stichwort Zuneigung sogar noch erweitern und vertiefen – und scheue mich nicht, das Gemeinte mit dem (abgegriffen wirkenden) Wort „Liebe" zu benennen. *Du sollst Deine Schüler lieben!* Das mag idealistisch-übertrieben wirken und bleibt einem verfehlenden und klischeehaften Beigeschmack ausgesetzt. Doch es geht hier nicht um Gefühlsduselei! Es geht um Menschenliebe im jesuanischen Sinn, um ein bedingungsloses Wohlwollen gegenüber dem Nächsten. Das hat zwar auch immer mit Gefühlen zu tun, reicht aber weit über flüchtige und wankende Gefühlslagen hinaus. In jeder Freundschaft und Partnerschaft ist das nicht anders.

Wenn Du also vor Deinen Schülern stehst, so tust Du das als Vertreter der Institution Kirche, mehr aber noch als Vertreter der ziemlich herausfordernden religiösen Botschaft, dass Gott es gut mit der Welt und den Menschen meint und dass wir uns alle wie gute Geschwister verhalten sollen. Jesus hat das so gelehrt und gelebt. Christen sagen, er habe dadurch quasi Gott verkörpert und erfahrbar gemacht. Ohne diesen Anspruch zu hoch hängen zu wollen, bleibt es trotz all unserer Schwächen der angesagte Weg. Als christliche(r) ReligionslehrerIn trittst Du nicht zuletzt als Glaubender vor die Kinder und Jugendlichen, als jemand, der seinen Glauben ernst nimmt, ihn im Alltag zu leben versucht – und ihn nun sogar anderen Menschen vermitteln möchte. Ohne Liebe geht da gar nichts!

Die **zweite Säule** lenkt den Blick nochmals ganz exklusiv auf Deine Person. Wie fühlst Du Dich, wenn Dich 25 Augenpaare anschauen und etwas von Dir erwarten? Wie reagierst Du auf skeptische oder gar ablehnende Bemerkungen über Glaube, Kirche, Gott und den Sinn des Religionsunterrichtes? Wodurch fühlst Du Dich getragen oder verunsichert in Deiner Rolle als Religionslehrer/in? Wie verstehst Du überhaupt Deine Rolle? Wie weit decken sich Deine Rolle und Deine Person?

Eines steht fest: Als ReligionslehrerIn kann man sich nicht hinter seinem Fach, den Themen und Inhalten verstecken. In so ziemlich jedem anderen Unterrichtsfach tritt die Lehrperson (je nach Selbstverständnis, Leidenschaft und Offenheit) mehr oder weniger hinter die Sache zurück. Sie muss kein persönliches Bekenntnis ablegen, in der Sache nicht unbedingt „Farbe bekennen", sich im Unterricht jenseits der Rolle nicht wirklich als konkreter Mensch erkennbar machen. Genau das aber gehört zum Dasein als ReligionslehrerIn.

Da es in diesem Fach zentral um Fragen des Glaubens geht, sind die Rückfragen zur Sache und die Anfragen an Deine Person unausweichlich. „Sagen Sie mal, glauben Sie wirklich an Gott?", „Halten Sie das echt für wahr, was in der Bibel steht, dass Jesus auf dem Wasser gelaufen ist, Tote aufgeweckt habe usw.?", „Wie können Sie für eine Religion eintreten, die Hexen und Kritiker verbrannt, Kreuzzüge unterstützt, Waffen gesegnet hat und heute die Kondome verbietet?" usw. usw.

Kritik an der Kirche und ihrer Geschichte zu üben, ist ja keine Kunst. Die Bibel und das christliche Credo richtig zu verstehen verlangt einige Arbeit. Und da heute eine sogenannte religiöse Sozialisation (primär in der Familie) fast völlig ausfällt, kannst Du bestenfalls noch auf ein sporadisches Vorwissen zurückgreifen. Nun aber stehst Du vor den Schülern als jemand, der für sie quasi stellvertretend Kirche und Christentum verkörpert, und sollst Stellung beziehen, Sachen klären, Unwissen beseitigen und Missverständnisse auflösen. Dabei wird Dir Dein Theologiestudium wertvolle Dienste leisten. Aber das bleibt mehr die Außenseite. Stets ist auch danach gefragt, wie Du als gläubiger Mensch dazu stehst, was Du persönlich glaubst, und wieso.

Wenn Du diese Anfragen nicht mit leeren Floskeln und Allgemeinplätzen quittieren möchtest, bleibt Dir nur die maskenlose Wahrheit, Deine Wahrheit! Daher gilt ohne Umschweife: *Sei ehrlich zu Deinen Schülern und sei Du selbst!* Selbstverständlich hast Du einen kirchlichen Lehr-Auftrag, verfügst über hinreichend theologisches Wissen für die geforderte Sachauskunft. Entscheidender ist jedoch, wie verständlich, authentisch und glaubwürdig Du Dich in diesem Moment einbringst. Junge Leute haben ein untrügliches Gespür für die Echtheit ihres Gegenübers.

Es darf und soll deutlich werden, dass Du selber noch Fragen hast, lange nicht mit allem in der Kirche einverstanden bist, dass Du auch den Zweifel kennst und auch nicht auf alles eine Antwort griffbereit hast. Wenn Deine Schüler durch Deine ehrliche Auskunft verstehen lernen, dass der Glaube keine Akzeptanz schwer verdaulicher Sätze ist, sondern eine Option zur Lebensgestaltung, zu der man sich bekennt und dann auf den Weg macht, um seine Bedeutung immer besser zu verstehen – dann hast bereits viel erreicht. Bekenne, dass auch Du ein Suchender bist und bleibst, dann wirst Du Deine Schüler als ebenfalls Suchende besser verstehen und begleiten können.

Stand bei der ersten Säule die Beziehung im Vordergrund, bei der zweiten die Authentizität Deiner Person, so fokussiert die **dritte Säule** die zu verhandelnde „Sache".
Bei welchen Themen fühlst Du Dich (vor allem theologisch) sicher? Um welche Inhalte machst Du – zumindest als Neuling – lieber einen Bogen? Wieso?
Wie eben schon benannt, darfst Du ganz selbstbewusst zu Deinen eigenen Fragen, Zweifeln und Unsicherheiten stehen. Also: *Mut zur Lücke!* Zu Deiner Professionalität wird es gehören, diese Lücken im Laufe der Zeit schrittweise zu verkleinern. Verlangt aber die kirchliche Beauftragung zum Religionsunterricht nicht eine völlige Identifikation mit dem konfessionellen Bekenntnis und sonstigen Vorschriften der je eigenen Kirche? Nun, die institutionelle Kirche ist zwar Dein Auftraggeber (und bei kirchlich Bediensteten auch direkter Arbeitgeber), aber eine Totalidentifikation mit der verfassten Kirche kann es nicht geben, da sie als geschichtliche Institution eine sehr diesseitige und wandelbare Größe bleibt. Institution und Glaubensgemeinschaft sind nicht dasselbe.

Deine konfessionelle Identität als ReligionslehrerIn besteht in der größtmöglichen Identifikation mit der Glaubenslehre der je eigenen Tradition, ausgedrückt im gemeinsamen Credo. Das ist und bleibt der primäre Bezugsrahmen. Nicht mehr und nicht weniger. Du hast keinen Grund, Dich selber künstlich unter Druck zu setzen. Du musst weder alles wissen, noch auf jedes Fragezeichen einen passenden Kommentar in der Tasche haben. Ein „Das weiß ich im Moment nicht so genau" oder „Da muss ich mich selber erstmal schlau machen" haben auch ihre Berechtigung.

Die vorrangige Aufgabe des Religionsunterrichtes besteht darin, jungen Menschen behilflich zu sein in der Ausformung ihrer weltanschaulichen, religiösen und ethischen Kompetenzen. Auf dieser Folie haben „Gott und die Welt" reichlich Platz. Aus nahezu jedem Thema lässt sich ein philosophischer, religiöser oder ethischer Impuls herausfiltern. Darüber geben Dir die entsprechenden Lehrpläne einen genaueren Einblick. Bei alledem wirst Du mit der Zeit Deinen ganz persönlichen Stil entwickeln, inhaltlich und methodisch. Erst dann wird es unverwechselbar *Dein* Religionsunterricht geworden sein.

Auf diesem Weg wünsche ich Dir Gottes Segen für ein fruchtbares Wirken!

V. Wo finde ich was? (Literatur-Tipps)

1. Einführungen in Religon, Glaube und Christentum

- Matthias Beck: Christsein – Was ist das? Glauben auf den Punkt gebracht, Wien 2016
- Markus Beile: Religion für Nichtschwimmer. Fünf Trockenübungen, Gütersloh 2014
- Wolfgang Beinert: Ich hab da eine Frage.... Auskunft zum Glauben der Christen, Regensburg 2002
- Bernd Beuscher: Tacheles Glauben. Christliche Klischees auf dem Prüfstand, Neukirchen-Vluyn 2014
- Albert Biesinger / Helga Kohler-Spiegel: Gibt´s Gott? Die großen Themen der Religion. München 2007
- Uwe Bork: Die Christen. Expedition zu einem unbekannten Volk, Freiburg 2012
- Matthias Clausen: Ich denke, also bin ich hier falsch? Glauben für Auf- und Abgeklärte, Marburg 2016
- William Lane Craig: On Guard. Mit Verstand und Präzision den glauben verteidigen, Neuried 2015
- Eugen Drewermann: Wendepunkte oder Was eigentlich besagt das Christentum?, Ostfildern 2014
- Rudolf Englert: Religion gibt zu denken. Eine Religionsdidaktik in 19 Lehrstücken, München 2013
- Hubertus Halbfas: Das Christentum. Erschlossen u. kommentiert. Düsseldorf 2004
- Hubertus Halbfas: Der Glaube. Erschlossen u. kommentiert. Ostfildern 2010
- Hubertus Halbfas: Religiöse Sprachlehre. Theorie und Praxis. Ostfildern 2012
- Gotthold Hasenhüttl: Glaube ohne Denkverbote. Für eine humane Religion, Darmstadt 2012
- Susanne Heine / Peter Pawlowsky: Die christliche Matrix. München 2008
- Klaus-Peter Jörns: Update für den Glauben. Denken und leben können, was man glaubt, Gütersloh 2012
- Rüdiger Kaldewey / Franz W. Niehl: Christentum kompakt, München 2010

113

- Albert Keller: Grundkurs des christlichen Glaubens. Freiburg 2011
- Andreas Knapp / Melanie Wolfers: Glaube, der nach Freiheit schmeckt. München 2009
- Reinhard Körner: Kirchisch für normale Menschen, Leipzig 2015
- Joachim Kunstmann: Leben eben! Religion für Sinnsucher – eine Anleitung, Gütersloh 2013
- Stephan Lange: Begründet glauben. Denkangebote für Skeptiker und Glaubende, Neukirchen-Vluyn, 2017
- Hans-Martin Lübking: Kursbuch christlicher Glaube. Evangelische Perspektiven. Gütersloh 2009
- Bernhard Meuser: Christsein für Einsteiger. München 2007
- Doris Nauer: Gott. Woran glauben Christen?, Stuttgart 2017
- Thomas Philipp: Wie heute glauben? Christsein im 21. Jahrhundert. Freiburg 2010
- Ina Praetorius: Ich glaube an Gott und so weiter…, Gütersloh 2011
- Norbert Scholl: Was mir zu denken, zu zweifeln und zu hoffen gibt. Regensburg 1996
- Norbert Scholl: Das Glaubensbekenntnis – Satz für Satz erklärt. München 2000
- Norbert Scholl: Glauben im Zweifel, Der moderne Mensch und Gott, Darmstadt 2016
- Martin Schultheiss / Fabian Vogt: Glauben ist ganz einfach – wenn man nicht muss. Moers 2007
- Georg Schwikart: Prüft alles, und behaltet das Gute. Selbst entscheiden, was man glaubt, Freiburg 2015
- Ekkehard Starke (Hg.): Christsein konkret. 50 wichtige Themen. Neukirchen-Vluyn 2005
- David Steindl-Rast: Credo. Ein Glaube, der alle verbindet, Freiburg 2010
- Keith Ward: Gott. Das Kursbuch für Zweifler, Darmstadt 2007
- Axel Wiemer: Gott ist kein Pinguin. Theologie in religionspädagogischer Perspektive, Göttingen 2011

2. Religionspädagogik, Religionsunterricht, Didaktik

- Bernd Beuscher: Langeweile im Religionsunterricht?, Göttingen 2009
- Albert Biesinger u.a. (Hg.): Kompetenzorietierung im Religionsunterricht an berufsbildenden Schulen, Münster 2014
- Gottfried Bitter u.a. (Hg.): Neues Handbuch religions-pädagogischer Grundbegriffe, München 2002
- Reinhold Boschki u.a. (Hg.): Religionspädagogische Grund-optionen, Freiburg 2008
- Frank Thomas Brinkmann: Religionspädagogik, Stuttgart 2013
- Marc Fachinger: „Sie sind doch schon fest intrigiert!". Kath. Berufsschulreligionslehrer in kirchlichen Lehr-Lern-prozessen, Münster 2015
- Uwe Gerber (Hg.): Religiosität in der Postmoderne, Frankfurt/M. 1998
- Bernhard Grümme u.a. (Hg.): Religionsunterricht neu denken, Stuttgart 2012
- Helmut Hanisch: Unterrichtsplanung im Fach Religion, UTB 2921, Göttingen 2007
- Georg Hilger / Stephan Leimgruber / Hans-Georg Ziebertz: Religionsdidaktik, München 2001/2010
- Christina Kalloch / Stephan Leimgruber / Ulrich Schwab: Lehrbuch der Religionsdidaktik. Freiburg 2009
- Klaus Kießling: Zur eigenen Stimme finden. Religiöses Lernen an berufsbildenden Schulen, Ostfildern 2004
- Peter Kliemann / Friedrich Schweitzer: Religion unterrichten lernen, Neukirchen-Vluyn 2007
- Joachim Kunstmann: Religionspädagogik, UTB 2500, Tübingen 2010 (2. Aufl.)
- Hans Mendl: Religionsdidaktik kompakt, München 2011
- Hans Mendl: Religion erleben, München 2008
- Norbert Mette: Religionspädagogik, Düsseldorf 1994
- Wolfgang Michalke-Leicht: Kompetenzorientiert unterrichten, München 2011
- Franz W. Niehl / Arthur Thömmes: 212 Methoden für den Religionsunterricht, München 1998
- Uta Pohl-Patalong: Religionspädagogik, Göttingen 2013

- Sabine Pemsel-Maier / Mirjam Schambeck (Hg.): Keine Angst vor Inhalten!, Freiburg 2015
- Burkard Porzelt / Alexander Schimmel (Hg.): Strukturbegriffe der Religionspädagogik, Bad Heilbrunn 2015
- Stephan Pruchniewicz: Fremde(,) Schwestern und Brüder: Kooperativer Religionsunterricht an berufsbildenden Schulen, Münster 2016
- Ludwig Rendle (Hg.): Ganzheitliche Methoden im Religionsunterricht, München 2007
- Ludwig Rendle (Hg.): Was Religionslehrerinnen und -lehrer können sollen, Donauwörth 2008
- Martin Rothgangel u.a. (Hg.): Religionspädagogisches Kompendium, Göttingen 2012
- Clauß Peter Sajak: Religion unterrichten. Voraussetzungen, Prinzipien, Kompetenzen, Seelze 2013
- Hans Schmid: Die Kunst des Unterrrichtens, München 1997/2012
- Hans Schmid: Unterrichtsvorbereitung – eine Kunst, München 2008
- Andrea Schulte / Ingrid Wiedenroth-Gabler: Religionspädagogik, Stuttgart 2003
- Arthur Thömmes / Laura Enders: Referendariat Religion, Berlin 2017
- Axel Wiemer: Gott ist kein Pinguin. Theologie in religionspädagogischer Perspektive, Göttingen 2011
- Sönke Zandel / Niklas Günther: Religionsdidaktik in Übersichten, Göttingen 2017